Florence Desachy
prólogo de Adolf Cabané

I0162964

Mi perro
no obedece
¡Hay solución!

dve
PUBLISHING

Agradecimientos

Agradecemos a Antonio Ruiz, educador canino profesional y miembro del MFEC (Movimiento Francés de Educadores de Perros de Compañía), sus valiosos consejos y el relato de sus experiencias con perros desobedientes y dueños desesperados.

Traducción de Gustau Raluy.

Diseño gráfico de la cubierta: © *YES.*

Ilustración de la cubierta: Bernard Ciccolini.

© Editorial De Vecchi, S. A. 2019
© [2019] Confidential Concepts International Ltd., Ireland
Subsidiary company of Confidential Concepts Inc, USA
ISBN: 978-1-64461-373-3

Prólogo

La educación del perro es un tema de vital importancia y de muy elevada trascendencia, sobre todo para lograr una perfecta interrelación entre este y quien o quienes le rodean. Que obedezca, que no ladre, que tenga buen carácter, que no huya, que no sea agresivo o que tenga un peso ideal para su raza o tamaño, por ejemplo, son parámetros en los que la educación, desde muy temprana edad, resulta fundamental. Además, en caso de que se haya instaurado un problema, se podrá atajar cuanto antes.

Desde el mismo momento del nacimiento, el perro comienza a aprender. Sus primeras enseñanzas las recibe, lógicamente, de su madre, pero por regla general y a muy temprana edad (entiéndase entre los dos y cuatro meses de vida), el cachorro cambia tanto de hábitat como de compañeros, pasando de relacionarse sólo con sus congéneres (madre y hermanos de camada) a establecer contacto con otro tipo de seres —los humanos en este caso— en un nuevo entorno dónde deberán a aprender, para el resto de su vida, una serie de conductas y directrices. Es a partir de este momento cuando debe hacerse hincapié en lo fundamental de la educación en el perro.

Que a nadie le quepa ninguna duda de que casi todos los perros, sean de pura raza o mestizos, son siempre excelentes alumnos y con una capacidad de aprendizaje sin límites. Un perro es capaz de aprender cada día, pero, que a nadie se le olvide, también es capaz de intentar olvidar aquello que no le apetece recordar.

Desde el principio, el propietario o educador debe mostrar al perro lo que puede y lo que no puede hacer, estimulando los aciertos y corrigiendo los errores sobre la marcha. No hay nada que satisfaga más a un perro que contentar a su propietario, y esto es algo que siempre se debe tener muy en cuenta y explotar al máximo.

Si el perro tiene una conducta anómala, por supuesto que debe ponérsele remedio cuanto antes, pero hay que tener en cuenta que para asegurarse el futuro éxito, no basta con intentar corregir esta conducta: hay que buscar el origen, la causa, el por qué. Tratar el síntoma está muy bien, pero atajar la causa es fundamental para evitar posteriores «recaídas».

Tener un perro y compartir con él el día a día durante más de diez, doce o catorce años es, sin duda, uno de los mejores y mayores placeres de la vida. Pero para que esto sea así, es fundamental una buena educación (por ambas partes), sabiendo en cada momento hasta dónde puede llegar el perro y, cómo no, hasta dónde puede llegar su propietario. Dedicar un poco de tiempo a la correcta educación de un perro no es, en absoluto, un gasto inútil. Es, sencillamente, una extraordinaria inversión.

Dr. Adolf Cabané
Veterinario y cinólogo
Director de la revista *Todo Perros*

Introducción

¿Nuestro perro no nos obedece? ¿Nos pone a prueba? ¿Nos planta cara? ¿Está mal educado? Para responder a todas estas cuestiones, lo primero que debemos hacer es delimitar el problema. Es necesario averiguar en qué condiciones se ha desarrollado el cachorro, conocer su carácter, pero también el nuestro, así como los posibles errores que hemos podido cometer, y evaluar los riesgos de la situación.

Un perro desobediente no es un drama en sí mismo. Lo importante es la forma en que lo percibimos nosotros, y los inconvenientes que esta situación comporta en nuestra vida cotidiana.

Hay varios parámetros sobre los que ya no podemos incidir —el desarrollo del cachorro, sus condiciones de vida, su educación—, y esto nos obliga a pasar al estadio de la reeducación, partiendo de lo que sospechamos que antes ha podido funcionar mal.

Por esta razón, antes de adentrarnos en la forma de tratar los problemas, insistiremos en varios conceptos esenciales.

En este libro el lector también encontrará cuestionarios que le permitirán valorar las dificultades de su caso particular.

Conceptos generales

Conocer el proceso de desarrollo del cachorro nos permite entender qué es realmente esencial para tener un perro adulto equilibrado. Una etapa mal vivida comporta futuras dificultades. Lo importante es saber en qué momento el cachorro ha podido sufrir un problema de desarrollo mental y cómo llenar este vacío una vez el animal se ha hecho adulto.

El desarrollo del cachorro

ETAPAS

El cachorro pasa por diferentes etapas que determinan su equilibrio futuro y durante las cuales adquiere conocimiento de sí mismo, de los demás y de su entorno.

Adquiere conciencia de los límites que le impone la vida en sociedad, en contacto con el hombre.

El conocimiento de dichos límites es lo que le permitirá ser feliz y mantener una relación equilibrada con su dueño.

Periodo neonatal

Comprende desde el nacimiento hasta las dos semanas.

El comportamiento y las reacciones del cachorro durante este periodo están guiados por la necesidad de mamar y de mantener la temperatura corporal.

El periodo neonatal está regido completamente por la madre.

Periodo de transición

Es la continuación del periodo neonatal y se prolonga más o menos hasta las tres semanas de vida del animal.

El cachorro se desplaza cada vez mejor y se mantiene perfectamente sobre las cuatro patas.

Los periodos de vigilia ocupan ya el 35 % del tiempo. El cachorro explora el nido, descubre a los otros cachorros de la camada. Empieza a jugar. Esta etapa es muy corta; de hecho, dura tan sólo una semana. La madre sigue controlando la situación.

Periodo de socialización

Va de la tercera a la décima semana.

El cachorro es más independiente y su conducta está menos guiada por los reflejos.

A partir de los 21 días empieza a tomarse seriamente el contacto con el mundo exterior y con los otros animales de su entorno. Aprende las normas sociales que pautan su vida. Esta etapa es fundamental para el equilibrio de las relaciones dueño-perro en la edad adulta.

El cachorro tiene todos los sentidos totalmente desarrollados: ve, oye, huele...

A las siete semanas de vida, el sistema nervioso del cachorro adquiere un grado de madurez que le permite evolucionar. Ahora ya es capaz de aprender.

La socialización en el cachorro antes de los dos meses

Socializaciones intra e interespecíficas

La socialización intraespecífica permite al cachorro comunicarse con sus congéneres, a los que reconoce desde el principio, a través de la madre y de los otros cachorros de la camada. Durante esta etapa, el cachorro adquiere conciencia de ser un perro, puesto que no es una noción innata en él.

La socialización interespecífica es muy importante para tener unas relaciones normales con otras especies, especialmente con el ser humano. Durante este periodo llamado de atracción (a las tres semanas), el cachorro ya está capacitado para conocerlo todo. Se debe aprovechar este momento y mostrar al cachorro animales de otras especies con las que estará en contacto. Gracias a ello, los gatos y los perros pueden llevarse bien (y los gatos y los ratones también).

Durante este periodo la influencia del medio externo es más determinante. El cachorro que no haya tenido contacto con otros cachorros, con otros animales o con el ser humano durante este periodo sensible será muy miedoso y poco seguro de sí mismo. No resultará apto para la educación porque será incapaz de comunicar y de escuchar una orden.

La socialización primaria, que se produce a través del contacto con los demás, posibilita más adelante una socialización secundaria en la que se imponen normas de vida. Se dan las condiciones para que se establezca una verdadera relación social con el dueño. Por tanto, no se debe apartar un cachorro de la camada antes de las siete semanas. Las personas que crían cachorros tienen que saberlo. En efecto, los dueños suelen adquirir el perro después del periodo de socialización y tienen pocas maneras de saber si esta etapa ha sido bien vivida o no por aquel.

Sin embargo, hay que dosificar los contactos con el ser humano para que el hombre no ahogue al cachorro.

Socialización primaria: una noción fundamental

Es una etapa muy importante durante la cual el cachorro realiza un intenso aprendizaje que le permitirá estar completamente integrado en su entorno. Adquirirá conocimientos que le permitirán tener comportamientos normales ante todas las situaciones de su vida social futura. Por el contrario, la falta de socialización comporta una conducta social completamente inadaptada.

Este periodo comprende una serie de etapas que coinciden con las nociones fundamentales: control de sí mismo, comunicación, jerarquización, desapego...

La socialización primaria sólo dura nueve semanas, pero constituye la etapa clave para que, en el futuro, el cachorro se convierta en un perro adulto equilibrado.

La socialización primaria se desarrolla durante un periodo llamado sensible: *el perro tiene predisposición para aprender, para enfrentarse a lo desconocido sin temor. Pasado este periodo, los criterios no son los mismos. La socialización secundaria tiene lugar en una edad más avanzada, si la primaria no ha podido realizarse, pero es mucho más difícil.*

Periodo juvenil
Va de la décima semana a los siete meses.
   Es el periodo durante el cual se aprende la jerarquía.

EL PAPEL DEL DUEÑO: SOCIALIZAR BIEN AL CACHORRO

Esta tarea corresponde al criador, pues, en condiciones normales, el propietario compra al cachorro correctamente socializado. En primer lugar, hay que presentar al cachorro animales de su especie; tiene que ver a otros cachorros y perros adultos. A continuación, se le mostrarán animales de otras especies, como, por ejemplo, gatos; esto le ayudará a identificarse como un perro y, además, evitará trastornos del comportamiento sexual (reconocer como pareja a otro ejemplar de la especie canina). Posteriormente tiene que estar en contacto con personas, tanto adultos como niños. Por otro lado, el cachorro también ha de recibir estímulos sonoros, visuales, olfativos...

¿Cómo podemos saber si nuestro cachorro está bien socializado?

1. No debe huir, sino venir hacia nosotros.

2. Tiene que acercarse a los niños.

3. Ha de tener curiosidad por todo.

4. No debe mostrar un comportamiento ansioso ni miedoso.

Importancia del desarrollo del cachorro en los futuros trastornos	
Socialización/Jerarquización/Estimulación	
Falta de socialización	Perro miedoso
	Perro agresivo
	Perro poco apto para la educación: desobediente
	Perro ladrador
No jerarquización	Perro agresivo
	Perro ladrador
No estimulación	Perro ladrador
	Perro ansioso
	Perro miedoso

¿Nuestro perro nos parece bien socializado?

○ Acepta a los otros animales.
○ Acepta a las personas nuevas.
○ No tiene miedo.
○ No le cuesta acercarse a las novedades.

Cuantas más cruces, mejor socializado está el perro.

¿Nuestro perro nos parece bien jerarquizado?

○ No se abalanza sobre las personas.
○ Come después de nosotros.
○ No toma ninguna iniciativa.
○ Responde a nuestras órdenes.

Cuantas más cruces, mejor jerarquizado está el perro.

La perturbación de la etapa de socialización puede deberse a varios y diferentes motivos:

— el cachorro ha vivido en un gran criadero en donde ha sido poco manipulado;
— el cachorro ha sido vendido a su nuevo dueño demasiado tarde y la fase de la socialización ya ha pasado;
— los cachorros huérfanos criados por una sola persona no han mantenido contacto con otros animales;
— el cachorro se queda aislado en la perrera a causa de alguna enfermedad.

Así pues, al comprar un cachorro es fundamental preguntar y comprobar que ha sido bien socializado (en qué condiciones vive, si ha visto otros animales...).

Trastornos del comportamiento

No podemos intervenir en cómo se ha desarrollado la vida del cachorro antes de comprarlo, y a menudo los trastornos provienen de los errores cometidos en ese primer periodo; pero, si este es el caso, deberemos reeducar al perro teniendo en cuenta sus carencias.

¿Cuáles son los trastornos más importantes que ha podido sufrir y que ahora se expresan por medio de la desobediencia?

La socialización y la jerarquización correctas resultan fundamentales para que el perro pueda establecer un sistema de comunicación correcto con sus congéneres y con el hombre. La comunicación constituye la base de una vida social equilibrada y de un perro obediente.

La educación recurre a la socialización, la comunicación, para obtener un perro perfecto. El secreto de un can equilibrado reside en lograr que se respeten estas bases, que son una verdadera prevención de problemas.

El dueño debe aprender a observar al perro y a imponerle unos límites dentro del respeto de su naturaleza.

Es primordial elegir una raza adecuada a cada dueño. La educación que se dará al perro debe ajustarse a su carácter y, a la vez, ha de ser la que el dueño sea capaz de darle. Si un perro que necesita autoridad va a parar a manos de un dueño indolente, el fracaso es inminente.

Todos los perros son diferentes, y los dueños también; la adecuación entre unos y otros es la primera condición para prevenir los trastornos del comportamiento.

La comprensión del problema constituye el primer paso hacia la solución del mismo, y sobre todo hacia la prevención.

Las palabras clave son: prevención, elección de la raza, información, conocimiento, educación.

Un perro obediente es un animal que entiende lo que se le pide y que se comunica con su dueño.

El primer paso es saber qué pensamos de nuestro perro: ¿es el animal que nos conviene?, ¿nos ha decepcionado?, ¿por qué? El propósito no es conseguir la respuesta: «No me gusta, me separo de él», sino: «Sé lo que más me molesta y, por lo tanto, puedo establecer un orden de prioridades en su reeducación».

¿Nuestro perro es adecuado para nosotros?

La respuesta puede ser SÍ, pero...

¿Lo elegimos atendiendo a qué criterios?
- Estéticos.
- Para sentirnos seguros.
- Para parecer más fuertes.
- Porque estaba de moda.
- Para que nos hiciera compañía.

La raza es:
- Mordedora.
- De guarda.
- De buen carácter.
- Fácil de adiestrar.
- Reactiva.

¿Tenemos un perro que responde a lo que buscamos?
- Sí
- No

¿Qué aspecto de su carácter nos decepciona más?
_____
_____

Nosotros somos quienes mejor conocemos la relación que tenemos con el perro y, a buen seguro, habremos llegado a una conclusión que nos daba miedo expresar: no tenemos el perro que queremos.

Si nuestro animal nos ha decepcionado, no está todo perdido. Pero, al mismo tiempo que reeducamos al perro, tendremos que entender los motivos que nos causan la decepción y no achacarlo todo al animal. Él también sufre las consecuencias de esta relación difícil, y la mejora de su conducta y de nuestra actitud le hará la vida más agradable.

Estamos decepcionados	Trabajemos juntos, sea cual sea el problema
A él le causa infelicidad	Tengamos paciencia
decepcionarnos	Identifiquemos lo que más nos molesta del perro
	Vayamos por partes, siguiendo las prioridades
No pretendamos resolverlo todo a la vez: una mejora conllevará otra.	

La educación del cachorro

La educación que el cachorro ha recibido es un factor primordial en su evolución. En este apartado veremos los conceptos básicos de la educación, y esto nos permitirá saber en qué punto nos encontramos y si debemos volver a incidir en algún aspecto.

Un perro desobediente suele ser un animal que no ha sido educado correctamente y que no sabe responder a una orden.

CONCEPTOS GENERALES

La jerarquización del cachorro

Aunque esto incomode a algunos dueños, el perro tiene que ser siempre un dominado. Nunca debe tomar la iniciativa en nada, adelantándose a su dueño.

El incumplimiento de esta condición da pie a muchas manifestaciones conductuales patológicas, especialmente mordiscos. Su origen es una ausencia total o parcial de dominio por parte del dueño. El perro se considera el «jefe de la manada» y esta posición le autoriza a imponer *su* ley.

Un perro puede tener un carácter dominante, pero no debe ser dominante dentro de la familia.

El dueño tiene que ser respetado por el perro.

Los estímulos en la vida del cachorro

La variedad de estímulos que intervienen muy pronto en la vida del cachorro resultan indispensables para su desarrollo «intelectual» y neurológico. Los cachorros criados en un estado de completo aislamiento, en cercados y sin ver a nadie antes de ser vendidos, tienen miedo de ruidos cotidianos como un objeto que cae, una bolsa de papel que alguien arruga, una hoja que se desprende de un árbol. Esta situación muchas veces conlleva un apego excesivo del perro a su dueño, en quien busca seguridad constantemente.

El apego

Es necesario dosificar y controlar el llamado *periodo de apego*. El apego excesivo de un perro a una persona no tiene en principio nada de malo, salvo que se ha visto claramente que este vínculo afectivo excesivo intenso es el origen de trastornos del comportamiento.

El perro tiene que ser educado por todos. El cachorro debe quedarse solo de vez en cuando.

Si respetamos estos tres principios básicos:
1. El dueño es quien domina.
2. El perro debe ser estimulado desde pequeño.
3. El perro tiene que ser educado por todos.

Todo puede volver a la normalidad.

Principios básicos para educar al cachorro

- *La educación empieza a los dos meses.*
- *Nosotros somos los dueños del perro.*
- *El perro come después de nosotros.*
- *No entra en nuestro dormitorio.*
- *Se queda solo de vez en cuando.*
- *Impartiremos una educación positiva basada en la recompensa.*
- *Castigaremos raramente, al momento y en casos justificados.*
- *Nunca interrumpiremos una sesión de educación sin obtener el resultado deseado.*
- *Nos cargaremos de paciencia.*

ÓRDENES BÁSICAS

La limpieza

En el terreno anatómico, el control de los esfínteres (que permiten «aguantarse») no es total antes de los cuatro meses de edad. El aprendizaje se debe realizar entre los tres y los cinco meses.

Para ello, delimitaremos una zona para que el animal haga sus necesidades; lo más habitual es un rincón en el lavabo o en la cocina (en el lado opuesto a donde se come). Pondremos papel de periódico; no conviene utilizar bayetas porque siempre están húmedas y no son agradables al tacto.

Poco a poco podremos ir llevando el papel de periódico hacia la puerta de entrada, de manera que podamos sacarlo fuera rápidamente en cuanto veamos que el perro adopta «la posición».

Por otro lado, tenemos que observar al animal durante el día y detectar los indicios reveladores de que tiene ganas de hacer pipí: da vueltas en redondo, huele el suelo y seguidamente se agacha. En este instante no dudemos en agarrar al cachorro y depositarlo sobre el papel de periódico; cuando haya acabado, lo felicitaremos con caricias y alguna golosina.

El ritmo que conviene seguir es: sacar al perro a pasear justo después de las comidas, después de la siesta y después de haber jugado, pero ahora ya no esperaremos a detectar los signos precursores de que tiene ganas, porque en el tiempo de prepararnos y ponerle la correa..., ¡el animal ya lo habrá hecho!

Si alimentamos al cachorro a una hora fija y no le ofrecemos nada entre comidas, se regularizarán sus necesidades fisiológicas.

Aprender a estar solo

El punto esencial de este aprendizaje es no ritualizar nuestra marcha, es decir, no mostrar signos evidentes y repetitivos cada vez que salgamos de casa, como coger las llaves, ponernos el abrigo, despedirnos del perro, etc. Simplemente se trata de prever que vamos salir y evitar estos gestos.

La forma más fácil de hacerlo consiste en no hacer caso del cachorro en el cuarto de hora anterior a irnos. Lo dejaremos tranquilamente en donde esté, pero lo sacaremos para que haga sus necesidades antes de marcharnos, aunque no inmediatamente antes, con la finalidad de que esto no se convierta en un «signo» de que estamos a punto de irnos.

Así pues, para empezar lo dejaremos solo durante un rato, para que se dé cuenta de que regresamos, y posteriormente alargaremos los momentos de ausencia.

La conducción con correa

En primer lugar, debemos acostumbrar al cachorro a llevar el collar, y luego la correa. El collar se lo pondremos aprovechando un momento de juego. Las primeras veces que le pongamos la correa, podemos hacerlo dentro de casa y sin sujetarla, para restar importancia a este instrumento.

Si podemos, las primeras veces debemos evitar pasear por calles concurridas y bulliciosas. Sujetaremos la correa holgadamente por encima del lomo del perro, sin tensarla en ningún momento. Así podremos realizar pequeñas tracciones cuando queramos llevar al animal hacia nosotros. El perro debe caminar junto a nuestra pierna, sin adelantarse, y siempre en el mismo lado.

También debemos captar su atención cuando lo distraigan los ruidos de la calle. Le hablaremos y pronunciaremos su nombre seguido de la orden: «¡Junto!». Si el animal no respeta esta posición y se adelanta, le diremos «¡No!» y daremos un ligero tirón a la correa para que recupere la posición. Si obedece, lo felicitaremos. Si se queda atrás, tiraremos un poco de la correa para que se coloque donde debe estar, pero no estiraremos constantemente de ella. Y no cedamos: nunca debemos acabar el paseo con el cachorro en brazos.

La llamada

Podemos empezar con una prueba en casa. Damos una palmada y llamamos al cachorro por su nombre seguido de «¡Ven!». Conviene que aprovechemos las situaciones espontáneas: por ejemplo, estamos en la cocina, el cachorro nos ve desde el pasillo y nosotros le llamamos; si el animal viene, lo felicitamos.

Diez minutos antes de la comida lo enviaremos a su cama y luego lo llamaremos para que coma. Al principio conviene estar en un espacio amplio pero cerrado, como un jardín; de esta manera podremos dejar que el animal corra libremente, y a continuación llamarlo cuando esté en el otro extremo del jardín. Dejaremos correr al perro suelto y luego nos agacharemos y le daremos unas palmadas para invitarle a jugar mientras pronunciamos su nombre seguido de «¡Ven!». Abriremos los brazos para recibirlo. Intentaremos hacer esto cuando el perro todavía no esté muy lejos. Y siempre lo felicitaremos cuando acuda.

Repetiremos la orden cuando el perro esté más lejos y así, gradualmente, aumentaremos la distancia entre él y nosotros cuando lo llamemos.

Adquisiciones indispensables para un perro equilibrado:

* *Limpieza.*
* *Saber estar solo.*
* *Acudir a la llamada.*
* *Conducción con correa.*

Si nuestro perro todavía no controla todos estos puntos, tendrá que superar completamente estas etapas antes de seguir adelante.

¿Nuestro perro conoce las órdenes básicas?

Órdenes

	Sí	No
Acude a la llamada.	〇	〇
Sabe estar solo.	〇	〇
Limpieza.	〇	〇
Conducción con correa.	〇	〇

Sus costumbres

	Sí	No
Come después de nosotros.	〇	〇
No se le permite entrar en el dormitorio.	〇	〇
No toma ninguna iniciativa.	〇	〇
Podemos detener el juego.	〇	〇

¡Todas las respuestas han de ser afirmativas! De lo contrario, deberemos volver a enseñarle las órdenes básicas como si fuera un cachorro. Además, conviene que recupere las buenas costumbres para jerarquizarlo.

Según nuestra opinión:

El perro está bien educado.   Sí ⃝   No ⃝
El perro está bien jerarquizado.   Sí ⃝   No ⃝

Su educación y nosotros

¿Creemos que hemos logrado educarlo?

⃝ Sí   ⃝ No

En el caso de que la respuesta sea que no, ¿qué creemos que nos ha faltado?

⃝ Autoridad.

⃝ Tiempo.

⃝ Conocimiento de la raza.

⃝ Consejos.

⃝ Conocimiento de los posibles errores.

⃝ Apoyo de algunas otras personas que están en contacto con el perro.

⃝ Conocer las condiciones de cría del cachorro.

Si se da la circunstancia de que hay que volver a sentar las bases de su educación, podemos:

• Expresar más convicción y autoridad.
• Releer la teoría (véase «Órdenes básicas»).
• Buscar el apoyo de un educador canino.

Si tenemos la intención de corregir errores, como por ejemplo los ladridos injustificados, antes debemos tener un perro educado y jerarquizado.

Empezamos desde cero

¿Qué tenemos que enseñarle?

○ La llamada.
○ «¡Sentado!»/«¡De pie!».
○ Ven.
○ Dame.

○ El cobro.
○ *Stop.*
○ Conducción con correa.
○ La limpieza.

Si el animal no obedece a una de estas órdenes, tendremos que volver a la educación básica (véase el apartado «Órdenes básicas»).

La educación

He tenido dificultades porque:

○ No soy suficientemente autoritario.
○ No quiero ser autoritario.
○ Otra persona de la familia lo hace mejor que yo.
○ Desconocía las bases de la educación de un perro.
○ Elegí una raza demasiado viva.
○ Sus travesuras al principio nos divertían.
○ Creía que al hacerse mayor se portaría bien.

Quizás una de las respuestas sea el motivo del fracaso en la educación del perro.

La comunicación canina

Ahora que ya sabemos cuáles son las lagunas educativas de nuestro perro, veremos si sabemos comunicarnos con él. Si el animal no nos entiende, será difícil darle indicaciones sobre cómo queremos que se comporte. Aprendamos a hablarle, no forzosamente con palabras.

Un perro sólo obedece si entiende la orden que se le da.

COMUNICACIÓN ESPECÍFICA SEGÚN EL TIPO DE DUEÑO

El dueño «oral»

Las personas de carácter oral se caracterizan por una gran dependencia de los objetos que les rodean y muchas dificultades para ser autónomas. También necesitan muestras de afecto desbordantes.

El perro es el animal idóneo para satisfacer estas necesidades. Al contrario que la mayor parte de seres humanos, el perro expresa sin reservas todas sus emociones. Además, siempre está disponible y es completamente fiel. Es una fuente inacabable de gratificación narcisista para su propietario. Sin embargo, esto exige al animal un papel muy particular, que debe tener más en cuenta las necesidades de su dueño que las suyas propias.

La comunicación a menudo es verbal y en un solo sentido, ya que lo importante para el dueño no es hacerse entender y obtener una respuesta, sino expresarse ante su animal y recoger a cambio muestras de afecto.

Su perro será el «osito de peluche», el refugio afectivo que necesita. En efecto, este perro corre por el bosque, ladra ferozmente y sólo se deja dominar por su dueño. Pero el animal percibe claramente el lenguaje no verbal de su dueño, que es una mezcla de dominio y sumisión respecto a él. En este caso, a veces se producen trastornos de comportamiento agresivo en el perro. El modo de funcionamiento jerárquico es incomprensible para el animal.

El dueño «dependiente»

El animal puede ser utilizado para satisfacer una necesidad de dependencia, pero también para rebelarse.

Este propietario adora a su animal hasta que se va de vacaciones, momento en que lo abandona, y luego pone anuncios en los periódicos para recuperarlo. Es un dueño que tan pronto se muestra permisivo como, de repente, castiga muy severamente al perro. En este caso, el animal también puede reaccionar con agresividad.

El perro se convierte en un objeto de satisfacción de las necesidades de dependencia del dueño y, a la vez, en un objeto de rebelión a través de su control, ya que se cree propietario por el hecho de darle comida y cobijo, y de tener sobre él el derecho de la vida o la muerte.

La ambivalencia constante del dueño provoca que este perro se vuelva ansioso e inestable.

El dueño «pasivo»

Este propietario reprime constantemente la expresión de la cólera ante las frustraciones que cosecha en la vida cotidiana. Entonces, el perro puede ser utilizado inconscientemente como el instrumento de una agresividad que el dueño no se atreve a manifestar personalmente.

El animal es agresivo, en lugar de serlo su dueño, quien, por su parte, conserva la sangre fría. Ahora bien, luego riñe al perro, aunque con una voz que proclama claramente (para el perro) su admiración.

En este caso, el perro y su agresividad son el medio para satisfacer su necesidad de agresión, activa o pasiva.

La necesidad de agresión activa concierne a individuos que utilizan al perro como un medio de expresión para compensar su falta de control sobre los acontecimientos de sus vidas o sus frustraciones por sentirse personas socialmente inferiores.

Los individuos que necesitan la agresión pasiva suelen tener un nivel social alto, lo cual les impide expresar la cólera, pues se trata de un sentimiento no aceptable dentro de su nivel de hombre civilizado.

A través de las agresiones de sus perros, expresan la cólera que no pueden manifestar ellos mismos. Condenan verbalmente las conductas agresivas de sus perros, pero al mismo tiempo los halagan.

	Comunicación predominante	Riesgo
Dueño «oral»	Táctil Entusiasta Necesidad de afecto Tacto Verbal	Sin jerarquía Trastornos del comportamiento del animal Lugar del animal incomprendido
Dueño «dependiente»	De un extremo al otro	Sin estabilidad Incomprensión
Dueño «pasivo»	Verbal	
Dueño «oral»	Muy dependiente de los demás Necesita muchas muestras de afecto	
Dueño «dependiente»	Carácter muy variable Autoritario y luego laxista Muy ambivalente	
Dueño «pasivo»	Hace actuar al perro en su lugar	

Analicemos ahora el tipo de relación que se establece con el perro según la clase de dueño.

Relación pragmática

El perro forma parte de la organización racional de la familia. Su educación es un elemento que se valora (perro «civilizado») y es objeto de un respeto recíproco; la jerarquía está instaurada, la socialización y la educación son una prioridad.

Relación permisiva

El dueño no acepta obligaciones en su relación con su animal. Valora el placer del perro y reivindica su libertad (proyección de la libertad que él no puede tener). No se da ninguna orden; el papel de dominante no se respeta.

Relación laxista

El perro ofrece la misma presencia natural que un niño. La forma de relacionarse que aplican sus dueños está basada en el dejar hacer. El animal es como un miembro de la familia y es objeto de un comportamiento «especular». La educación y la socialización se consideran a veces una coerción excesiva para el perro.

Relación de fusión

El perro se convierte en el objeto de una intensa transferencia afectiva, ya que llena una ausencia o el luto por un ser querido. El dueño valora al perro como protector y dispensador de amor. Este vínculo es vital para el propietario, que reconoce y acepta esta dependencia, que para él es salvadora. Dueño y animal se encierran en una relación de fusión.

El perro es muy antroposófico: es una verdadera presencia humana que permite la búsqueda del otro o compensar la soledad del dueño. Este último proyecta en su perro sus deseos de afecto y amor. El perro es autónomo, es el álter ego de su dueño. Su relación se basa en el hecho de compartir. Sin embargo, esta «igualdad» impide el posicionamiento jerárquico del animal.

Todas las interacciones afectivas están modificadas por los distintos modos de comunicación que hay entre el dueño y su perro.

Existe un parámetro que también puede modificar los sistemas de comunicación básicos: el perro. Hay diferencias de comunicación y de comprensión entre las diversas razas de perros.

¿Qué tipo de dueño somos?

Oral.	Sí $\bigcirc$	No $\bigcirc$
Dependiente.	Sí $\bigcirc$	No $\bigcirc$
Pasivo.	Sí $\bigcirc$	No $\bigcirc$

¿Qué tipo de relación creemos tener con nuestro perro?

_____

_____

En nuestra opinión, ¿qué debemos modificar de nuestro comportamiento?

_____

_____

LA COMUNICACIÓN

Normalmente evolucionamos hacia una comunicación ilusoria sin preocuparnos por los códigos del otro. Es necesario aceptar que nuestro perro no nos entiende, que nosotros no lo entendemos y que, a pesar de ello, todo vaya bien.

Para un mensaje simple, existen diferentes modos de comunicación:

* *Verbal.*
* *Tonal.*
* *Postural.*

El uso correcto de cada sistema constituye el punto de partida para llegar a un buen nivel de comprensión.

¿Qué significa «comunicar»?

Comunicar es transmitir información, pero induce al mismo tiempo un comportamiento.

Si el perro recibe varias órdenes contradictorias simultáneamente, la comunicación que se establece es paradójica, porque ¿cómo se puede responder a una paradoja si no es con otra paradoja?

La idea de que «el perro nos escucha, nos entiende, nos quiere, está triste cuando nosotros lo estamos» es muy habitual.

Ahí radica el peligro: el perro se comunica de un modo diferente de nosotros, y no debemos asimilarlo con una persona. Muchas veces no es que desobedezca, sino que no nos entiende.

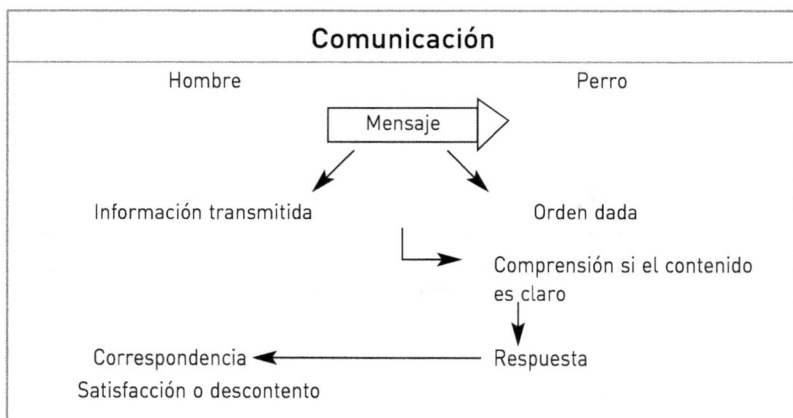

Comunicación

La comunicación también está determinada por momentos concretos e importantes, como los rituales de la vida del perro.

Los rituales
Un ritual es un conjunto de acciones que tienen una función comunicativa.

La comida
Un perro come más lentamente cuando sus propietarios están a su lado y en la medida en que él se considera dominante. La comida es un momento propicio para expresar las relaciones de subordinación-dominio en el seno de la manada. De hecho, los cachorros aprenden las normas jerárquicas a través del acceso al alimento. Con la actitud a veces violenta y espectacular de los adultos, aprenden a controlar su comportamiento para acceder al alimento y a esperar a que los otros hayan comido. También hay reglas jerárquicas en las relaciones dominantes/machos periféricos. Estos últimos no tienen acceso a la comida de los individuos de la zona central de la manada, sólo a los «restos» que de vez en cuando dejan. Así pues, el momento de la comida será propicio para instaurar un sistema de comunicación equilibrado.

La actitud sexual
En los mamíferos sociales, en general, los rituales están basados en comportamientos infantiles o sexuales. Por eso la monta, que a veces es fingida, constituye la expresión de

un comportamiento de dominio por parte del ejemplar dominante sobre la hembra o el macho dominado.

La actividad sexual se debe reprimir en un sistema de comunicación hombre-perro, ya que, al ser las simulaciones un acto de dominio, rompen la jerarquía, que es la base de una buena comunicación.

Los sonidos

Generalmente las vocalizaciones juegan un papel importante en los rituales, tanto en el caso del perro como en el del hombre. Se ha observado que las vocalizaciones son más importantes en los perros de caza que en los de compañía, ya que aquellos mantienen con sus dueños una interacción más parecida a la que se establece dentro de la manada.

¿Cómo nos comunicamos con el perro?

Verbalmente.
○ Gritamos.
○ Hablamos serenamente.
○ Le damos un discurso.
○ Le llamamos constantemente.
○ Le damos órdenes cortas.

Gestualmente.
○ Hacemos gestos amplios.
○ Hacemos gestos pequeños.
○ «Utilizamos» la mirada.

Táctilmente:
○ Donde más le acariciamos es en la cabeza.
○ Donde más le acariciamos es en el cuello.
○ Lo cogemos en brazos.
○ Le damos palmaditas en el costado.
○ Le damos palmaditas en el vientre.

Cómo nos colocamos.
○ Siempre de pie ante él.
○ Nos agachamos para estar a su altura.
○ Lo miramos a los ojos.

Leyendo lo que viene a continuación, sabremos lo que hacemos bien o mal.

Podríamos pensar que, pese a todos estos puntos comunes, el perro, por una parte, y el hombre, por otra, conservan comportamientos que les son propios y que no permiten la comunicación interespecífica.

Sin embargo, el perro puede integrar diferentes elementos del comportamiento del hombre (antropomorfismos), y viceversa (zoomorfismos), sin que por ello lleguen a entenderse.

Palabras simples

- *Bueno.*
- Stop.
- *Quieto.*
- *Ven.*
- *Aquí.*
- *No.*
- *Muy bien.*
- *Así.*
- *Sí.*
- *Junto.*
- *Sentado.*
- *De pie.*

Aparte de estas palabras y de su nombre, no se debe emplear ninguna otra en la reeducación.

CANALES DE COMUNICACIÓN

El hombre utiliza muchas señales vocales y, por consiguiente, tenderá a exagerar el significado de estas emisiones sonoras en el perro.

El oído

Al tener un oído mucho más desarrollado que el nuestro, los perros pueden captar matices prodigiosos en el tono que empleamos.

Al igual que nosotros, el perro percibe lo que le interesa de una manera u otra: los gritos de un locutor que comenta un partido de fútbol en la televisión no le impedirán dormir, mientras que la palabra *paseo*, aunque sea pronunciada en voz muy queda, le hará dar un salto.

Está demostrado que, dado que los perros son muy sensibles a la voz humana, hay que hablarles sin pensar el significado de las frases.

El nombre que se da a un animal y que sirve para llamarlo es una señal codificada que permite crear una interacción con el propietario. El animal no entiende las palabras, pero asimila los sonidos, las acciones.

Siempre es sorprendente ver con qué grado de atención el perro escucha a su dueño. En efecto, al carecer de lenguaje, el perro está obligado a leer los ojos del hombre y sus más pequeños cambios de actitud, y a aguzar el oído ante las más ligeras inflexiones de voz, para poder mantenerse dentro de la órbita afectiva de su dueño.

El perro, que sin lugar a dudas es un excelente observador del ser humano, prevé en este la intención de salir, de preparar la comida o de disponerse a acostarse, antes de que estas acciones se materialicen. Al realizar esta actividad el perro utiliza el oído al mismo tiempo que la visión.

El perro no entiende las palabras que emitimos, y su comprensión proviene totalmente de su atención.

Tabla de vocalizaciones	
Funciones	Significado de las vocalizaciones
Ladrido	Vocalizaciones de alerta Llamar la atención Invitación al juego Excitación
Aullido	Reconocimiento individual Localización de los miembros del grupo Conservación del territorio Coordinación de las actividades sociales a distancia (por ejemplo, la caza) Reacción en respuesta a ciertos sonidos (sirena...)
Gruñido	Señal de aumento de distancia Cuidados maternos
Vocalizaciones infantiles, gemidos, llanto	Saludo Signo de frustración, de dolor Búsqueda de atención por parte de un cachorro o un dominado

Las aptitudes auditivas del perro

El audiograma del perro muestra que la gama de frecuencias que puede oír va de los 20 a los 60 000 Hz. El hombre no oye las frecuencias de más de 16 000 Hz.

Por tanto, el perro oye algunos sonidos que para el hombre son ultrasonidos (silbato de ultrasonidos).

En el caso del perro, la comunicación auditiva sirve para informar a sus congéneres del lugar en donde se encuentra el individuo que emite la señal y, sobre todo, para avisar a distancia de la existencia de otras señales, visuales y olfativas.

Los sonidos y sus significados

La comunicación auditiva se realiza por medio de sonidos vocales y no vocales. Los sonidos vocales básicos que emite el perro son el gemido, el grito agudo, el ronquido, el gañido, el bufido, el ladrido, el gruñido, el aullido y el tosigueo. Los sonidos no vocales o mecánicos son el rechinar de dientes y el jadeo.

Junto a estos sonidos básicos, se hallan los mixtos, constituidos por varios sonidos básicos que se suceden o se superponen: ladrido con gruñido, ladrido con aullido, ladrido aullado, ladrido con gañido... Estas mezclas sirven para expresar los matices, al igual que algunos gestos faciales.

Sonidos y significados

Gemido	⟶	alerta a la madre: petición de atenciones ⎤
Grito agudo	⟶	situación de defensa
Ronquido	⟶	salutación ⎦ cachorro
Gañido	⟶	aparición a la 1.ª semana: satisfacción
Ladrido	⟶	aparición a los 10 días: numerosas situaciones
Gruñido	⟶	aparición a las tres semanas: amenaza, defensa
Bufido	⟶	llamada
Tosiqueo	⟶	defensa, amenaza, alerta...
Rechinar de dientes	⟶	invitación a jugar, amenaza, defensa...
Jadeo	⟶	invitación a jugar

La comunicación no verbal

Este modo de comunicación incluye:

— una comunicación sonora que se articula en torno a la variación de sonidos;
— el tacto (caricias);
— la vista; las posturas y los gestos son señales importantes;
— el olfato; para el perro, el olfato es uno de los sentidos más rentables. Si observamos el encuentro entre dos perros, veremos que la identificación de un individuo (sexo, estatus social...) se realiza principalmente oliendo la zona anogenital. Esta evidencia le plantea un problema al ser humano que proyecta sus tabúes en su perro e impide que este se comunique con sus congéneres, y también con el hombre.

¿Cómo nos comportamos como dueños?

¿Miramos al perro?
_____

¿Lo oímos?
_____

¿Lo entendemos?
_____
_____

¿Cómo se comporta el perro?

¿Nos oye?
_____

¿Nos ve?
_____

¿Nos entiende?
_____

¿Nos escucha?
_____

Tenemos que hacernos entender y asegurarnos de que el perro ha oído y ha entendido lo que queríamos.

COMUNICACIÓN VISUAL CON EL PERRO

La comunicación visual tiene lugar principalmente a través de la orientación de la mirada y de la postura. Este tipo de comunicación indica, sobre todo, las intenciones del animal, positivas o negativas, en relación con el dueño u otra persona.

En consecuencia, es importante conocer las señales que expresan el dominio y la sumisión en el perro, así como los gestos y actitudes con los que el hombre puede afirmar su dominio ante el perro, principalmente para prevenir la aparición de la agresividad por motivos de dominio.

Dominado o dominante: ¿cuál es nuestro papel?

Las señales que manifiestan el dominio de un perro sobre otro son las siguientes:

- *mirada orientada hacia el dominado;*
- *orejas erguidas, dirigidas al dominado;*
- *labio superior retraído;*
- *dientes visibles;*
- *porte de la cabeza alto;*
- *porte de la cola horizontal o erguido;*
- *cuerpo en su conjunto tenso, rígido, mostrando un perfil alto;*
- *pelos de la espalda erectos;*
- *posición física más elevada con respecto al dominado;*
- *cabeza colocada por encima del cuello del dominado;*
- *tren anterior colocado sobre el cuello, la cruz o la espalda del dominado;*

- *intento de monta o de acoplamiento;*
- *dominado sujeto por el hocico o por el cuello;*
- *dominado desplazado, empujado o derribado;*
- *ronquidos, gruñidos.*

Las señales que manifiestan la sumisión de un perro a otro son las siguientes:

- *mirada huidiza, hacia un lado, evitando la del perro dominante:*
- *orejas hacia atrás, contra la nuca;*
- *comisura de los labios tirada hacia atrás;*
- *porte de la cabeza bajo;*
- *conjunto del cuerpo encogido reflejando un perfil bajo;*
- *posición echada.*

Comunicación visual: información sobre las intenciones del perro

La mirada, una poderosa señal visual

La mirada está muy cargada de significado. Sostener la mirada del adversario es una actitud característica del perro que intenta expresar su superioridad o que quiere entrar en conflicto. Por esta razón, esquivar la mirada es uno de los signos de sumisión más importantes. En una manada, todas las miradas de los subordinados están focalizadas en el líder, pero estos apartan la vista cuando el dominante los mira a los ojos. Se puede identificar el animal dominante dentro de un grupo simplemente observando las direcciones de las miradas de los individuos que lo componen.

Clasificación funcional de las señales

Señales que aproximan al otro

Las señales que disminuyen la distancia se utilizan cuando el individuo desea acercarse a su interlocutor con intenciones pacíficas. Pertenecen a esta categoría todas las señales que tienden a disminuir el volumen corporal, así como todas aquellas que ocultan las marcas de amenaza del animal. Dichas señales son, por ejemplo, evitar la mirada, la «mueca de sumisión», doblar las orejas, los movimientos de la cola, bajar la cola, comprimir el cuerpo, el chasquido con la lengua o lamerse el labio superior, alzar una pata en señal de solicitación y echarse sobre la espalda. Estas señales se utilizan en las posturas de sumisión y apaciguamiento.

Señales que alejan del otro

Las señales que aumentan la distancia sirven para minimizar o interrumpir los contactos y las interacciones. Esta categoría incluye todas las señales que tienden a aumentar el volumen corporal y que expresan una intención belicosa: mirada fija, retracción de los labios para mostrar los caninos, orejas que se yerguen o, por el contrario, que se aplanan completamente, y todas las modificaciones que provocan una impresión de aumento del volumen corporal, como porte alto de la cabeza, pelos erguidos y tensión y contracción de los músculos. Esta categoría también incluye el marcaje con orina y el raspado del suelo, la cola mantenida recta y vertical o vuelta sobre el lomo, y el movimiento de la punta de la cola en posición alzada.

26

Posturas que el hombre a veces entiende mal

En ocasiones el hombre interpreta mal determinadas posturas. Por ejemplo, las orejas orientadas hacia atrás se pueden observar tanto en el animal que se somete como en el que se dispone a atacar. También existen señales de sumisión que el ser humano a menudo no entiende bien. Por ejemplo, la aceptación de la actitud de monta jerárquica o el lamer son actitudes de aceptación de la superioridad del animal.

El perro, por su parte, también puede no entender las posturas del hombre. Por ejemplo, la mirada sostenida de un desconocido cuando el perro se encuentra en una actitud de sumisión puede provocar que este le muerda por miedo, porque no entiende dicha mirada, que para el perro significa insistir en la amenaza.

Una misma parte del cuerpo puede tener varias funciones; por ejemplo, la cola sirve para indicar el nivel de sumisión del perro cuando está en posición baja, pero también es un indicador del nivel de excitación. Este nivel de excitación también se manifiesta a menudo mediante los ladridos; sin embargo, las vocalizaciones sirven, asimismo, para comunicar.

La comunicación	
Visual	Relación rápida entre dos individuos
	Comunicación de emoción relacional
Olfativa	Permite la vida social: encuentros, territorio
	Posición del perro respecto al otro
	Comunicación a larga distancia
Táctil	Comunicación muy próxima
	Refuerzo de la relación

La comunicación visual		
1. La mirada En estado natural	Fija en los ojos Dominación Evaluación de la fuerza de cada uno	Apartada Sumisión
En nuestra reacción	Mirada severa por nuestra parte: dominación Descontento Mirada directa a los ojos: para evitar el efecto desafío, se debe acariciar al perro al mismotiempo en el cuello	Se le ignora cuando se le castiga
2. Las posturas	De pie	Sentado
3. Los gestos	De pie frente a él: dominación ⟶ para dar una orden ⟶ orden, información	A su altura: igualdad, para jugar, acariciarlo

Comuniquémonos visualmente con el perro

Bases

- *Conocer el significado de la mirada y de las posturas.*
- *Utilizar correctamente las posturas de dominación.*
- *Establecer una correlación entre nuestro lenguaje, la orden y la posición. Una orden no se da estando sentado.*
- *Observar al perro para aprender las variaciones en las posturas que son específicas.*

Señales visuales de aproximación ➡ *pacíficas*

- *Disminución del volumen corporal.*
- *Signo de sumisión.*
- *Orejas dobladas.*
- *Movimientos de la cola.*
- *Levantar una pata.*

Señales visuales de alejamiento ➡ *belicosas*

- *Aumento del volumen del cuerpo.*
- *Mirada fija.*
- *Retracción de los labios.*
- *Orejas erguidas.*
- *Pelos erizados.*
- *Cola alzada.*

Posturas y comunicación en el ser humano

El hombre se comunica con la ayuda de sus movimientos corporales, movimientos que el perro descodifica perfectamente y que pueden dividirse en cuatro grupos:

— posición del torso con respecto a la vertical;
— velocidad de desplazamiento;
— trayectoria de la aproximación;
— mirada.

1. Posición del torso:

— inclinada hacia delante: aproximación dominante;
— vertical: neutra;
— inclinada hacia atrás: aproximación dominante;

2. Velocidad de desplazamiento o cinética:

Se divide en:

— cinética rápida: agresión;
— cinética constante: aproximación neutra o dominante;
— cinética discontinua: movimiento entrecortado con paradas, aproximación sumisa.

3. Trayectoria

Puede ser directa o con rodeo, según el sentimiento del hombre con respecto al animal (inquietud o seguridad). La trayectoria directa va hacia la cabeza o el flanco. La trayectoria con rodeo da la vuelta al animal y se acerca a él por la grupa. Asimismo, la primera está asociada directamente a una aproximación dominante, y la segunda, a una aproximación sumisa.

4. Mirada

Intervienen dos parámetros: la dirección de la mirada y su persistencia. La dirección puede ser:

— a los ojos (provocación o pelea);
— a la grupa (mirada del dominante);
— al lado (neutra o dominada).

La persistencia puede ser:

— continua: aproximación dominante o búsqueda de pelea;
— interrumpida: apaciguamiento o sumisión.

Posiciones del ser humano	
Tronco	Inclinado hacia delante ➤ dominación Vertical ➤ neutra Inclinado hacia atrás ➤ dominado
Velocidad de desplazamiento	Rápida ➤ agresión Media ➤ dominación Lenta con detenciones ➤ dominado
Trayectoria de la aproximación	Directa ➤ dominación Con rodeo ➤ dominado
Mirada	Cara a cara ➤ dominación Huidiza ➤ dominado

COMUNICACIÓN VERBAL CON EL PERRO

Para expresarse, el hombre utiliza principalmente el lenguaje verbal, pero este tipo de comunicación no se puede emplear con el perro, porque este es incapaz de entender el significado de las frases.

El perro no entiende el lenguaje verbal de su dueño, sino la metacomunicación que envuelve las palabras y sus significados.

La metacomunicación se define como el conjunto de señales emitidas al mismo tiempo que un mensaje verbal, de manera consciente o no, voluntariamente o no, y que informan acerca de los sentimientos y las opiniones del emisor respecto al mensaje, al receptor y a él mismo.

Si hay discordancia entre el discurso y la gestualidad del dueño, el perro se fijará en la metacomunicación. Así, un propietario que camine hacia el plato de comida de su perro dominante explicándole que él es el dueño, que tiene que obedecerle y no morderle sólo logrará no ser mordido si emplea una cinética y una gestualidad de dominado, a las que el perro dará prioridad, permitiendo así que el propietario se acerque. Por tanto, el dueño transmite a su perro a la vez sus demandas y sus expectativas.

En el perro, la sucesión de posturas y las combinaciones complejas de secuencias comportamentales equivalen a una «sintaxis paraverbal» que le permite realizar una buena lectura de las intenciones de su dueño. Esta sintaxis ayuda a, por ejemplo, saber si el perro con las orejas pegadas a la cabeza tiene miedo o está enfadado; en el primer caso, el cuerpo estará encogido y la cola entre las patas, mientras que en el segundo el animal mostrará un andar tenso y llevará la cola alta.

El perro entiende lo que le comunica el hombre si lo que este le pide es fiable, es decir, si lo que le dice está de acuerdo con sus emociones. También hace falta que la petición sea «legible». Por ejemplo, cualquier orden debe ser enunciada claramente sin que quede ahogada dentro de un tumulto de palabras y gestos: decir al perro «¡Boby, sentado!» es más eficaz que «Estaría bien que te sentaras en lugar de correr alrededor de la mesa ladrando y tirándolo todo al suelo».

Por último, la petición debe ser aceptable, es decir, conocida y realizable por el perro. No se puede ordenar a un perro que se eche al suelo si antes no ha aprendido a asociar la acción de echarse con la orden «¡Suelo!».

Comunicarse verbalmente con el perro	
Palabras	Cortas Sílabas claras Sin frases largas
Entonación	Debe ajustarse al contenido de la frase: serena, irritada...
Gestos que acompañan y posturas	Acordes con el contenido
Concordancia entre lo que se dice *y lo que rodea a la palabra*	Orden amable y gestos suaves

Si queremos enseñar algunas palabras a nuestro perro, utilizaremos siempre la misma palabra para la misma orden o situación.

COMUNICACIÓN MEDIANTE EL TACTO

Los rituales se definen como esquemas de comportamiento adaptados al medio en el que vive el perro. Favorecen una mejor integración del animal y la comunicación entre este y su propietario.

El dueño y su perro emiten por distintos canales sus mensajes, que contienen un discurso consciente o uno paralelo.

El dueño entiende mejor o peor este intercambio, lo cual puede dar pie a errores en la interpretación, y estas buenas o malas interpretaciones son un elemento determinante en la relación dueño-perro.

❖ El contacto: el perro se restriega contra las piernas de su dueño, es cogido en brazos. El calor que emana y la suavidad del pelo comunican muchas sensaciones relajantes y bienestar a su propietario. La comunicación táctil es sobre todo una comunicación de sentimientos de proximidad y ternura; se basta por sí misma.

❖ Los rituales: el perro saluda a su dueño haciéndole fiestas, puesto que ha aprendido rápidamente las secuencias conductuales que le llevarán a obtener finalmente lo que quiere.

Los gestos favorecen el intercambio afectivo entre el hombre y el perro. Acariciar al animal es esencial para los dueños que sienten mucho apego por sus perros. Si quieren recompensarlos, la caricia será profunda e intensa.

Caricia	+	-
	En el cuello Intensa ↓ El dueño expresa su amor o su satisfacción	En la cabeza Sólo apoyando las manos ↓ El dueño expresa su dominación y cierto distanciamiento

COMUNICACIÓN OLFATIVA CON EL PERRO

Los olores constituyen un mundo rico en mensajes para el perro, muchas veces inconsciente para su dueño. Que el perro huela la zona perianal para detectar el estatus y la identidad de un individuo a veces está mal visto por las personas.

El hombre se comunica igualmente con su perro, de forma totalmente inconsciente, a través de las feromonas, sustancias químicas que emite un individuo y que otro percibe y que desencadenan determinadas modificaciones en el comportamiento o la fisiología de este último.

Las feromonas juegan un papel de especial relevancia en el caso de los perros que viven en medios confinados (pisos), ya que los machos son más sensibles a las feromonas que desprenden sus dueñas durante la menstruación.

Cuando van de la correa, los perros todavía buscan más la percepción de las señales olfativas (restregarse contra el dueño, oler, lamer...).

Las secreciones de las glándulas sudoríparas del dueño también informan al perro sobre su estado fisiológico y emocional.

COMUNICAR SU POSICIÓN: LA JERARQUÍA

La metacomunicación permite expresar la posición jerárquica de cada individuo. En las relaciones hombre-perro, el primero expresa su dominio a través de una serie de posturas, de señales conscientes o inconscientes. Cuanta más conciencia tenga el hombre de la importancia de este modo de comunicación no verbal, más clara será la relación establecida con su perro. Y podrá expresar fácilmente su posición de dominante sin tener que entrar forzosamente en conflicto.

Ciertos individuos se harán respetar de un modo más natural. Por ejemplo, un hombre será aceptado más fácilmente que una mujer como dominante, porque los cánidos viven en sistemas patriarcales. Además, los hombres tienen la voz más grave que las mujeres. La voz aguda de estas últimas recuerda más los gritos de socorro de los cachorros que la voz grave del macho dominante. El hombre puede modular su voz cuando da una orden de sumisión sin restar por ello credibilidad a su mensaje; el perro entiende estas variaciones. Finalmente, se ha observado que, ante un perro, las mujeres tienen tendencia a agacharse para acariciarlo, mientras que los hombres prefieren estar de pie. La tendencia natural de la mujer es, pues, posicionarse como sumisa (respecto al animal), mientras que el hombre, al apoyar la mano sobre la cabeza del animal, se posiciona como dominante.

Todas las señales no verbales expresan y anuncian el estatus social, tanto la mirada como la cinética del desplazamiento. Por ello, aun cuando el perro se halle en posición de dominante, el dueño tiene la posibilidad de manipular su plato: para conseguirlo sólo ha de proceder expresando mediante la metacomunicación su posición de sumiso. Sea cual sea el discurso verbal, el perro sólo atenderá a su cinética lenta con rodeos, a su cuerpo encogido, a su mirada apartada y a la duda que transmite su voz; y en esta situación, el animal permitirá que el dueño se acerque a su plato.

La jerarquía es la base de la buena comunicación.

¿Nos comunicamos bien con el perro?

¿Creemos que nos comunicamos bien con el perro?
○ Sí   ○ No

¿Qué nos falta?
○ Entender los sentidos.
○ Entender los signos.
○ Entender las caricias.
○ Tiempo.
○ Ganas.
○ Considerarlo como un perro.
○ Considerar correctamente su posición jerárquica.

MODOS DE COMUNICACIÓN HOMBRE-PERRO

Se han realizado estudios que han demostrado que, para el animal, las señales sonoras no adquieren significado si no es dentro de un contexto no verbal y paraverbal, indispensable para la eficacia y la inteligibilidad del mensaje.

El perro posee un sistema de comunicación evolucionado, es decir, unos canales de comunicación especializados y un sistema de comunicación eficaz propios. El problema aparece cuando estos interactúan con los del hombre.

«La comunicación empieza cuando un individuo, el emisor, produce una señal que modifica el comportamiento de otro individuo, el receptor.»

Los cánidos presentan cualidades sensoriales superiores a las nuestras. Un perro ve muy bien un movimiento a mucha distancia, por ejemplo, el del brazo del pastor a 1500 metros. Tiene mejor vista que el hombre en la penumbra, pero los detalles de cerca los percibe con menos nitidez. Finalmente, el perro no tiene ningún problema para reconocer el olor o la voz de su dueño cuando todavía no lo ve. Por lo general, confiará más en el olfato que en la vista.

Las interacciones entre el propietario y su animal se sitúan al nivel del lenguaje no verbal.

Una característica de este lenguaje es que es interespecífico, lo que significa que permite la comunicación entre especies diferentes. Es propio de animales y niños, está más adaptado al inconsciente y puede permitir la coexistencia de informaciones contradictorias.

La mirada, la entonación de la voz y la gestualidad intervienen en esta comunicación. Por ello, todo lo que el propietario intente ocultar con el lenguaje verbal y las posturas se transmitirá a través del lenguaje no verbal.

El perro, como el ser humano, comunica con la ayuda de los sentidos: el olfato, el oído, la vista y la voz, pero el can utiliza canales sensoriales con prioridades diferentes de las del hombre: «El perro ve y piensa principalmente por la nariz». El hombre utiliza la vista para corroborar la información que le aportan los otros sentidos, mientras que el perro la verifica con el olfato.

La comunicación del perro

El perro se comunica a través de:

- *Posturas.*
- *Gestualidad facial.*
- *Vocalizaciones.*
- *Desvío de la mirada.*

Existe un riesgo importante de cometer errores de comunicación. Dicho riesgo es mayor aún por el hecho de que el hombre no suele ser consciente de su forma de emitir los mensajes y, por familiaridad, considera que el animal se comunica de la misma manera que él.

Entonces surge el problema de la negación de la dimensión animal, donde, al no ser reconocida la diferencia, la comunicación acaba siendo unilateral. En este caso nos comunicamos con el animal para comunicarnos con nosotros mismos, o incluso con una tercera persona a través de aquel.

Es necesario que nos demos cuenta de que nos estamos comunicando con el perro, que es un animal con unas capacidades de comprensión diferentes de las nuestras.

Por ejemplo, el dueño que considera a su perro como un niño de por vida establece constantemente un tipo de intercambio complementario que convierte al animal en un ser totalmente dependiente y sumiso. Este mismo perro, que no puede prescindir de contactos, tanto visuales como físicos, iniciará un máximo de contactos que en otro contexto lo convertirían en un animal dominante.

El perro se expresa de modo analógico

«La comunicación analógica, no verbal, se apoya en las posturas, los gestos, los tonos del discurso: actúa a través de las vocalizaciones, los movimientos de intención, los signos indicativos del humor, es decir, de todo lo que informa sobre el estado, el contexto de una relación en un momento determinado.»

Cuando un perro ladra detrás de una puerta, no hay que interpretar sus ladridos como «Ábreme la puerta», sino como «Estoy encerrado»: el ladrido tiene valor de señal.

La comunicación analógica no designa los objetos, sino que expresa la naturaleza de una relación, como muestra la «abertura de la boca», que muchos mamíferos utilizan con el objetivo de ritualizar la amenaza; expresa más el estado en el que se halla el animal que una frase.

Para llegar a establecer este lenguaje, el perro ha adaptado los gestos y las actitudes con los que se comunicaba con sus semejantes a su nuevo interlocutor. Así nació un lenguaje común que completaba la comunicación fonética cuyos resultados no eran satisfactorios, y aparecieron los comportamientos gestuales del perro con el hombre: el cuello que se estira para pedir una caricia, la pata que se apoya en nuestra mano para llamar la atención, la mirada que pide permiso para subirse a un sofá, la puerta que es raspada para que se abra. Como el dueño respondía acariciando, permitiendo o abriendo la puerta, un mecanismo simple permitió al perro descubrir lo que hacía falta para lograr que el otro actuara según sus deseos.

Sin embargo, la diferencia entre el lenguaje hombre-perro y el lenguaje hombre-hombre es que cada vez se debe iniciar desde el principio, porque un dueño no responde igual que otro a las mismas peticiones del animal. Y entonces se elabora todo un código entre cada perro y su dueño, un código que sólo es válido para ellos dos.

La comunicación del dueño: el lenguaje

El hombre posee el lenguaje articulado y lo utiliza para comunicarse con su perro.

Modo analógico: el perro

No verbal
Postura
Gestos   *relación de «sentimientos» y expresión de un estado.*
Muecas
Entonaciones

Modo articulado: el hombre

Lenguaje
+ ➤ *todos los parámetros que rodean el lenguaje.*

Los dueños que creen ser entendidos mediante las palabras olvidan el contexto y los otros parámetros que emplean a la vez y que son la base de la comprensión del perro, pues en la mayoría de casos este no entiende el lenguaje verbal de forma aislada.

El lenguaje verbal del dueño y el no verbal del perro se tienen que ir «mezclando» poco a poco.

EL LENGUAJE GESTUAL DEL PERRO

La cola

Cuando menea la cola, el perro está contento, o simplemente excitado por una situación particular. Si, por el contrario, la menea sin fuerza, sólo el extremo, y tiene expresión abatida, es que se siente mal y quiere que lo ayudemos.

La pata apoyada en el muslo

Este gesto puede significar que nos pide una golosina o simplemente que le concedamos más atención. Cuidado, es casi un gesto de dominante que exige, en lugar de pedir.

Tumbado boca arriba

El perro tiene una actitud sumisa, para recibir caricias o para someterse.

Echado sobre las cuatro patas, con la cola recogida, las orejas hacia atrás y la cabeza gacha

Signo de sumisión.

Echado de lado

Signo de sumisión total, que ha hecho una travesura y espera un castigo.

Grupa levantada y patas delanteras flexionadas

Tiene ganas de jugar.

Saltitos mientras ladra

Deseo de relaciones amistosas con otro animal.

EL LENGUAJE VOCAL

Del más amable al más agresivo.

Ladrido

Cuando ladra, el perro comunica una advertencia. Según el tipo de sonido, expresa alegría o alerta: se comunica con el hombre o con otros perros.

Gruñido

El sonido y fuerza del gruñido varían según la raza. Es el último aviso antes del ataque.

Los sonidos

Los gruñidos, ladridos, gañidos, aullidos, gemidos, gritos agudos... son sonidos que emiten los perros y tienen significados precisos: amenaza, advertencia, alerta, hambre, sumisión, angustia, aburrimiento...

> # ¿Cuáles son las palabras o frases que decimos con más frecuencia cuando nos comunicamos con nuestro perro?
>
> Palabras:
>
> _____
> _____
> _____
>
> Frases:
> ○ Más de dos palabras.
> ○ Más de cinco palabras.
> ○ Más de diez palabras.
> ○ Más de cuatro frases... *¡Stop!* ¡Hablamos más de la cuenta!
>
> Detengámonos unos instantes y analicemos ante qué palabras reacciona el perro actualmente.
>
> _____
> _____
> _____
> _____

El carácter

Ahora que ya sabemos lo que ha podido fallar en la comunicación con el perro, en este apartado veremos la importancia que tiene el carácter en este trastorno de la expresión: la desobediencia.

El perro puede ser arrogante, sumiso, independiente, dominante, y todo ello en distintos grados.

Con los siguientes test podremos descubrir su carácter.

La base de la reeducación consiste en entender de qué forma reacciona el perro ante las órdenes y las novedades con el objetivo de poder adaptar nuestro comportamiento a sus capacidades de reacción.

Los test que proponemos a continuación acostumbran a llevarse a cabo con cachorros; no obstante, también pueden llegar a ofrecer algunas útiles indicaciones con respecto al carácter del perro adulto.

Test de Campbell

Prueba de atracción social

Evaluación de la sociabilidad, de su temperamento confiado o independiente

Definimos una zona, entramos dentro de ella y colocamos el cachorro en el centro; seguidamente nos alejamos de él unos metros, en sentido opuesto al trayecto seguido para entrar. Nos agachamos e intentamos atraer al cachorro dando unas palmadas suaves. Veremos si viene o no y, en caso afirmativo, si acude con la cola alzada o baja.

Prueba de aptitud para seguir

Evaluación de la tendencia a la independencia

De pie al lado del cachorro, nos alejamos de él caminando normalmente. Sus reacciones revelarán claramente su mayor o menor aptitud para seguirnos. Si no viene, significa que es muy independiente. No olvidemos asegurarnos de que se haya dado cuenta de que nos íbamos.

Prueba de respuesta a la obligación

Evaluación de la aceptación por parte del cachorro de la autoridad del dueño (duración: 30 segundos)

Nos agachamos y tumbamos el cachorro en el suelo, haciéndolo rodar suavemente sobre la espalda; lo sujetamos así, con una mano en el pecho, durante 30 segundos. El cachorro puede revolverse ferozmente, ladrar, pelear, morder o bien calmarse y lamernos las manos. Su reacción indicará la aceptación o el rechazo de nuestra autoridad, así como sus tendencias reflejas: reflejos activos de defensa (agresivo) o pasivos de defensa.

Prueba de reacción a la dominación social

Evaluación del grado de dominancia de su carácter (duración: 30 segundos)

Un perro dominante apoya las patas delanteras en la nuca y la cruz del subordinado. Para saber si acepta nuestra dominación, procederemos del modo siguiente: nos agacharemos junto al cachorro, que ha de estar echado; lo acariciaremos suavemente desde el vértice del cráneo, bajando por el cuello y la espalda; si es necesario, ejerceremos cierta presión para que permanezca en la posición. Su actitud al recibir la caricia indicará la aceptación o el rechazo de nuestro dominio social. Un cachorro muy dominante intentará morder, gruñirá o se abalanzará contra nosotros. El perro independiente se limitará a apartarse.

Prueba de consentimiento a ser levantado

Evaluación del grado de dominancia de su carácter
(duración: 30 segundos)

Levantamos al cachorro con cuidado, juntando las dos manos por debajo de su esternón, de modo que el animal no toque el suelo. Lo aguantamos así 30 segundos: el cachorro, que ya no tiene ningún control, debe fiarse totalmente de nosotros y aceptar nuestro dominio. Lo volvemos a depositar en el suelo y anotamos los resultados.

Al finalizar los ejercicios, acariciaremos al cachorro y lo felicitaremos, independientemente de cómo se haya comportado, y luego lo volveremos a llevar junto a su madre.

Interpretación de los resultados

1. Atracción social

Viene directamente, cola alta, salta, muerde: dd.
Viene directamente, cola alta, da la pata: d.
Viene directamente, cola baja: s.
Viene dudando, cola baja: ss.
No viene: i.

2. Aptitud para seguir

Sigue directamente, cola alta, a nuestros pies, salta: dd.
Sigue directamente, cola alta, a nuestros pies: d.
Sigue directamente, cola baja: s.
Sigue dudando, cola baja: ss.
No sigue: i.

3. Respuesta a la obligación (30 segundos)

Se revuelve ferozmente, moviendo la cola, muerde: dd.
Se revuelve ferozmente, moviendo la cola: d.
Se revuelve ferozmente, a continuación se calma: ss.
No se revuelve, lame las manos: ss.

4. Dominación social (30 segundos)

Salta, da la pata, muerte, gruñe: dd.
Salta, da la pata: d.
Se retuerce, lame las manos: s.

Rueda sobre la espalda, lame las manos; ss.
Se va y se mantiene a distancia: i.

5. Consentimiento a ser levantado

Se revuelve ferozmente, muerde, gruñe: dd.
Se revuelve mucho: d.
Se revuelve, se calma, lame: s.
No se revuelve, lame las manos: ss.

Tres «d» o más: cachorro dominante extrovertido

El animal que obtiene esta calificación tiene una tendencia a la dominación leal, a la seguridad en sí mismo. Si se lo mima, si se cede a sus antojos, será un animal imposible. Un cachorro de este tipo debe ser manipulado y criado con lógica y serenidad, pero siempre con firmeza. Es muy adiestrable, para concursos y para trabajo. No es aconsejable para convivir con niños.

Tres «s» o más: cachorro equilibrado

No muy sumiso, ni agresivo, poco susceptible; este tipo de cachorro se adapta bien a todos los contextos (vida en un piso, en el campo). Es perfecto para niños o personas mayores.

Dos «ss» o más, con una o más «i»: cachorro sumiso

Sin lugar a dudas, el animal que obtiene esta calificación es muy tierno. Para ganarse su confianza, no se deben escatimar felicitaciones ni afecto. Es muy sensible a las reprimendas y puede morder por miedo si se ve acorralado. El cachorro sumiso normalmente es amigo de los niños.

Dos «ss» con «i» en la prueba de «dominio social»: cachorro mal socializado

El animal tendrá reacciones imprevisibles. Si, además, se han obtenido puntuaciones de «dd» o «d» en la tabla de resultados, el perro en cuestión puede reaccionar al miedo atacando, especialmente si se lo castiga. Si en la tabla de resultados aparecen otras «ss» u otras «i», el más ligero golpe puede bastar para que reaccione con miedo. Por esta razón, será un perro que reaccionará mal ante la presencia de niños. Será un animal difícil de adiestrar…

Finalmente, si el resultado está constituido por notas contradictorias, se recomienda repetir el test en un lugar diferente. Si esta segunda vez el animal da las mismas respuestas, es que se trata de un caso especial: un perro con un comportamiento imprevisible y un carácter cambiante.

El carácter del perro

Antes del test

Lo considerábamos:

O Fácil.
O Sumiso.
O Dominante.
O Nervioso.
O Miedoso.

O Arrogante.
O Posesivo.
O Impulsivo.
O Agresivo.
O Lunático.

¿Confiamos en él en todas las circunstancias?
O Sí.   O No.

¿Cuáles son los momentos más difíciles con él?
O La vida cotidiana.   O Las situaciones nuevas.
O Cuando hay gente.   O Fuera de casa.
O Cuando hay otros animales.

Según el resultado del test

Es un animal:
O Dominante ++   O Sumiso ++
O Dominante +   O Sumiso +
O Independiente

En nuestra opinión está:
O Bien socializado.   O Bien jerarquizado.

Aspectos que debemos trabajar			
Perro		Nosotros	
Reposicionamiento jerárquico	O	Indulgencia	O
Educación	O	Grado de severidad	O
Malas costumbres	O	Indiferencia	O
		El desconocimiento que tenemos del perro	O
		El sistema de comunicación con él	O
		Las palabras y frases que empleamos	O

40

La situación actual

En adelante, dediquémonos al perro que desobedece.

Mi perro no obedece: valoración de la situación

Mi perro no obedece	
Situaciones	Aspecto que estudiar
Llamada	Educación
Cuando se abalanza sobre las personas	Educación
Cuando ladra	Educación
Cuando come algo fuera	Educación
Cuando rompe algo en casa	Educación
Cuando está sobre nuestro sillón	Jerarquía
Cuando juega	Jerarquía
Cuando está con otros perros	Efecto de grupo
Ante una persona determinada de la familia	Autoridad

Nuestro perro no obedece y además...	
Nos provoca	Dominante
Nos ignora	Independiente
Se somete cuando nos acercamos y orina	Sumiso
Quiere jugar	Desvía nuestra atención
Se muestra agresivo	Dominante

Cuando desobedece

○ Lo ignoramos.
○ Lo reñimos.
○ Pensamos que no tiene importancia.
○ Nos ponemos muy nerviosos.
○ Pensamos en deshacernos de él.
○ Nos divierte.

Creemos que es peligroso:
○ para él;
○ para nosotros;
○ para los demás.

○ Nos culpabilizamos por no haber sabido educarlo de la manera más adecuada.
○ Nos molesta, sin más.
○ Creemos que somos demasiado blandos con nuestro perro cuando nos desobedece.
○ Imaginamos que algún día puede rebelarse.

Orígenes de la desobediencia

En nuestra opinión, ¿dónde hay que situarlos?

○ En los primeros meses
  de vida.
○ En su carácter.
○ En la raza.
○ En su educación.

○ En los acontecimientos
  de la vida.
○ En nuestros errores.
○ En sus carencias.

Según lo leído hasta el momento, ¿cuál es nuestra opinión al respecto?

_____

_____

EL PERRO DESOBEDIENTE: LOS PRIMEROS MESES DE VIDA

Debemos buscar en el desarrollo del cachorro una carencia en lo que se refiere a la posición jerárquica, el hábito de recibir órdenes y el placer que representa para él responder a ellas para contentar a su dueño.

Solución

Darle confianza y acostumbrarle poco a poco a las órdenes y al placer de cumplirlas (y a las recompensas).

EL PERRO DESOBEDIENTE: ¿UNA CUESTIÓN DE CARÁCTER?

El perro que desobedece por carácter es un can dominante que toma la iniciativa en lugar del dueño. Este animal obedece cuando ha decidido obedecer y es él el que da las órdenes en tanto que líder de la manada.

Solución

Reconducirlo a la posición de dominado.

43

EL PERRO DESOBEDIENTE: ¿UNA CUESTIÓN DE RAZA?

	Tendencia a desobedecer	Corrección
Razas pequeñas	++	Educación, autoridad
Razas medianas	0	
Razas grandes	0	
Perros de pastor	++	Ponerlo en su sitio
Perros de guarda	0	
Perros de caza	++	Hacer que sea útil cazando

Solución
Educarlo.

EL PERRO DESOBEDIENTE: ¿UNA CUESTIÓN DE EDUCACIÓN?

Un perro que ha recibido una buena educación obedece.

Solución
Educarlo.

¿Por qué desobedece nuestro perro?

En nuestra opinión

El origen del problema se debe buscar en:

○ Los primeros meses de vida.   ○ Nuestra personalidad.
○ Su entorno.   ○ Los acontecimientos de la vida.
○ La raza.   ○ Su función.
○ Su carácter.   ○ Nuestros errores.
○ Su educación.   ○ Sus carencias.

Después de estudiar la situación, ¿cuáles son, en nuestra opinión, los puntos que debemos mejorar?

El aprendizaje en el perro

Atracción y aversión

Hay dos conceptos fundamentales en el desarrollo del cachorro y la adquisición de conocimientos: atracción y aversión. La socialización, sea cual sea la raza del perro, empieza a las tres semanas y finaliza a los tres meses. A continuación, sigue el periodo juvenil.

Resulta fundamental no perder de vista la importancia de las fases de atracción y aversión.

FASE DE ATRACCIÓN

A las tres semanas, el cachorro descubre el mundo que lo rodea con felicidad y sin ninguna aprensión. Está dispuesto a relacionarse con todos los animales del mundo y siente apego por todo y por todos. Luego, a las cinco semanas, este periodo de atracción disminuye y el cachorro siente cada vez menos curiosidad por las novedades. Conserva las relaciones sociales adquiridas, pero no intentará desarrollar otras. El dueño debe multiplicar los contactos y las experiencias de aprendizaje durante este periodo.

FASE DE AVERSIÓN

A partir de la quinta semana, el cachorro huye de las personas desconocidas y teme cualquier novedad. Todas las especies que descubra durante esta fase serán consideradas enemigas.

Periodo sensible

El periodo de aversión no es propicio para el aprendizaje ni para conocer cosas nuevas. En cambio, en el sensible el aprendizaje resulta fácil, rápido y definitivo. Durante esta etapa se sitúa la socialización primaria y es cuando el cachorro debe aprenderlo todo. *Todo* significa aprender:

— que el cachorro es un perro;
— que debe vivir con el hombre;
— que debe comunicarse;
— que tiene que controlar la mordedura.

Un cachorro que cumpla estos cuatros requisitos es casi perfecto.

Conocimientos que adquiere el cachorro

El sistema nervioso del cachorro se tiene que desarrollar. Naturalmente, esta evolución es un proceso anatómico, pero también está influenciada por el medio externo. Un cachorro que creciera en una habitación, sin contacto, no tendría un desarrollo nervioso correcto.

Comportamiento exploratorio

Gracias a la exploración, el cachorro conoce el medio que lo rodea; sabe caminar, sabe oler, ve…, es decir, tiene todo lo necesario para explorar.

El cachorro amplía significativamente su campo de investigación. Ve un objeto, se acerca a él, lo huele, lo mordisquea y lo hace trizas: si el objeto en cuestión eran nuestros zapatos nuevos, debemos saber que nuestro cachorro ha seguido las etapas ordenadamente, y, por tanto, es un animal perfectamente equilibrado.

A partir de la quinta semana, el cachorro se adueña de un objeto y lo defiende apoyando la pata encima y gruñendo si otro animal o una persona pretenden quitárselo.

La importancia de los estímulos

La luz, el ruido, las caricias… son estímulos sensoriales que recibe el cachorro. Existe un nivel de intensidad de estímulos, llamado *umbral de estimulación*, que permite el correcto desarrollo del cachorro.

Por debajo de dicho umbral, el animal no está suficientemente estimulado y desarrolla desequilibrios conductuales; y cuando los estímulos son excesivos, también aparecen problemas conductuales.

El cachorro aprende a adaptar su respuesta en función de los estímulos: ladrará en respuesta a un ruido intenso, pero no en caso de que este sea conocido. Por tanto, el dueño deberá vigilar las reacciones del cachorro ante los diferentes estímulos que recibirá en su nuevo entorno. Es evidente que un cachorro criado en la ciudad no necesita reconocer un claxon de automóvil.

Los estímulos están determinados por el medio en el que vive el animal. Pero cuidado, la base de estímulos debe ser suficientemente diversificada si se quiere que un perro pueda vivir en distintos medios.

Comportarse adecuadamente con el cachorro

A través de estas fichas, queremos insistir en la interacción entre el desarrollo del cachorro, sus modos de comunicación y nuestra educación. El principal objetivo del despertar del cachorro es entender al animal para poder educarlo y lograr que sea sociable y feliz.

El perro nos proporciona señales que debemos entender: emite sonidos (ladridos, aullidos, gemidos...), hace gestos (orejas hacia atrás, cabeza ladeada, labios retraídos...), utiliza el cuerpo (pelos erizados, movimientos de la cola...); nosotros tenemos que saber «escucharle».

Ficha 1: La comunicación verbal

Cuando «decimos» algo al cachorro, tenemos que asegurarnos de que nos ha entendido.

Hacerse entender y entender al animal constituyen las bases del intercambio indispensable para una buena educación.

Entenderlo

Los gruñidos expresan cólera, pero no forzosamente agresividad. Quizá simplemente el perro nos está advirtiendo de que «ya basta», y que no abusemos.

El cachorro emite ladridos graves cuando está seguro de sí mismo, mientras que los ladridos agudos son propios de los perros que dudan o que están equivocados.

Los gritos significan dolor físico.

Los aullidos son un signo claro de aislamiento o simplemente de miedo a la soledad.

Los gemidos pueden ser la expresión de placer en el cachorro recién nacido. Más adelante, en cambio, se convierten siempre en signo evidente de dolor, miedo o malestar.

El cachorro en ningún caso tiene que emitir este tipo de sonidos cuando le estamos enseñando algo: una nueva orden, un ejercicio... Ello significaría que no está en condiciones de escuchar, dado que está preocupado o angustiado.

Ficha 2: La comunicación gestual

En la expresión de la cara del perro intervienen cinco elementos: la cabeza, las orejas, los ojos, los dientes y los labios. Cada uno de ellos puede expresar un sentimiento diferente.

Entenderlo

El cachorro puede llevar la cabeza alta; significa que está seguro de sí mismo, pero sin excesos. Si lleva la cabeza baja, es un signo de sumisión o de mucha timidez.

Cuando las orejas están erguidas, el perro se siente más bien cómodo; pero aplastadas son una mala señal; si tiene miedo, el pelo se eriza al mismo tiempo.

El perro no está acostumbrado a mirarnos «a la cara»: entre congéneres, mirarse directamente a los ojos es un signo de desafío. Sin embargo, la mirada no debe ser huidiza. Tiene que mirarnos el rostro, las manos.

Los distintos elementos que participan en la configuración de la postura son la cola, las extremidades, el tronco y el pelo. Igual que en el caso anterior, cada sentimiento puede estar revelado por la posición característica de cada uno de estos elementos.

Todos sabemos que la cola que se mueve es un signo de alegría. La posición normal de la cola es caída, pero no entre las patas (salvo en los perros con un porte de cola alto), pues esto es una actitud de sumisión. Las patas deben estar en aplomo, y no preparadas para saltar.

Ficha 3: «Hablar» al cachorro

Las palabras

La principal capacidad de la especie humana es la utilización de un lenguaje muy complejo.

Aunque parezca una obviedad, muchos dueños de perros lo olvidan e insisten en dar órdenes muy complicadas a los animales y se sorprenden de que estos no reaccionen.

Debemos utilizar palabras simples, cortas, y repetir siempre la misma palabra para la misma orden.

El nombre

Una regla básica y que hay que tener siempre presente consiste en elegir un nombre de dos o tres sílabas, con una vocal dominante. El perro no percibirá el nombre entero.

Los gestos

No tenemos que hacer gestos bruscos al perro; siempre lo manipularemos con suavidad. Además, hemos de recordar que debemos combinar un gesto con la palabra.

Las expresiones del rostro

Los ojos son muy importantes en la comunicación humana, pero no ocurre lo mismo en las relaciones con el perro.

Este los utiliza o bien para mirarnos de cara, lo cual puede tratarse de una provocación, o bien para adoptar una mirada huidiza, que es signo de sumisión.

En cambio, el perro es sensible a la expresión general de nuestro rostro: sonrisa, cejas, boca.

Ficha 4: La indispensable intervención del dueño

Del nacimiento a las dos semanas

• Manipular al cachorro cuidadosamente todos los días, para que se acostumbre al ser humano.
• Pesarlo.
• No despertarlo.

De dos a tres semanas

• Comprobar su visión (siguiendo un objeto).
• Comprobar su audición (el cachorro tiene que sobresaltarse al oír un ruido no habitual).

De tres a ocho semanas

• Mostrarle otros cachorros y otros animales.
• Controlar la mordedura cuando juega.
• Iniciar su educación (limpieza).
• Proponerle muchos estímulos (sonidos, ruidos...).

De ocho semanas a dos meses

• Sacarlo a pasear.
• Llevarlo en automóvil.
• Respetar la jerarquía.

El aprendizaje en el cachorro

EL JUEGO

Es importante detenerse en el concepto de juego, siempre presente en la vida del cachorro y en su educación. Los cachorros juegan a partir de las cuatro semanas. Al principio lo hacen con lentitud y torpeza, se abalanzan unos contra otros y se revuelcan por el suelo. Después, agarran un objeto y corren todos juntos.

El juego es fundamental para el correcto desarrollo psíquico del perro.

El juego sólo existe en los mamíferos y en algunos pájaros muy concretos. En el animal, a diferencia de lo que ocurre en el caso del ser humano, la idea de juego no se opone a la de trabajo, y carece de ninguna connotación inútil. El juego de los animales es serio y productivo, y es así como se debe considerar.

En el cachorro el juego siempre es educativo y nunca supone una pérdida de tiempo. Así pues, la gestión de los momentos de juego por parte del dueño representa una de las bases de la educación y del despertar del cachorro. El aprendizaje futuro dependerá de la comprensión de este comportamiento lúdico. De hecho, existe una clara correlación entre la complejidad de los juegos y el grado de evolución de una especie.

Características del juego

En los animales el juego siempre es espontáneo y a menudo reproduce situaciones reales, aunque de manera exagerada. Parece que el perro está cazando algo, pero sus desplazamientos son desproporcionados.

La agresividad no es aceptable en el contexto del juego. Además, se observa el comportamiento de inhibición del morder.

El aspecto repetitivo del juego es evidente en el cachorro que lleva varias veces seguidas la pelota a su dueño para que vuelva a lanzársela.

Funciones del juego para el cachorro

El juego permite gastar energía al cachorro, que no caza y se mueve poco. A través de esta actividad, encuentra muchos estímulos y tiene que enfrentarse a situaciones que deberá resolver. Gracias a ello, cuando sea adulto vencerá la ansiedad ante una situación nueva.

El juego garantiza la cohesión social de la camada, la comunicación en el seno del grupo y el aprendizaje del cachorro.

El juego es un comportamiento voluntario, sin constricciones, pero que el dueño tiene que controlar porque es cuando se moldean las relaciones jerárquicas.

El juego es útil, el cachorro tiene necesidad de jugar, no siempre es una distracción. Durante el juego, el cachorro aprende a respetar reglas y, por tanto, a aceptar órdenes más adelante.

PROCESO DE APRENDIZAJE

La capacidad de aprender del cachorro se expresa por medio de la curiosidad y del juego. Cuando encuentra un objeto nuevo, lo huele, lo muerde, lo toca con la pata.

El aprendizaje procede, en primer lugar, de la madre, pero, una vez que el cachorro ha sido destetado, el dueño debe tomar el relevo. Lógicamente las modalidades no serán las mismas.

Todas las ideas a las que nos referiremos a continuación resultan fundamentales para entender los mecanismos de aprendizaje en el cachorro. El aprendizaje consta de varias etapas: el cachorro recibe una información, la integra en el plano cerebral, la memoriza y adapta su comportamiento. Esto significa que anatómicamente debe ser capaz de seguir estas etapas.

Existen cuatro tipos de aprendizaje: por asociación, por ensayo y error, por habituación y, finalmente, por observación e imitación. Asimismo, hay una memoria a corto plazo y otra a largo plazo.

Aprendizaje por asociación

Se basa en la asociación de un estímulo nuevo para el cachorro con otro ya conocido, a fin de responder de la misma manera. Veamos el famoso ejemplo de Pavlov: el perro saliva cuando ve llegar la comida; se hace sonar una campanita cada vez que llega la comida; al cabo de cierto tiempo se puede hacer salivar al perro sólo haciéndole oír la campanita, porque ha asociado el sonido con la comida.

La respuesta es un reflejo desencadenado por una situación que inicialmente no tenía nada que ver con aquel. Este sería el caso del perro que vomita en cuanto entra en un automóvil.

Utilización por parte del dueño

Esta técnica se utiliza para asociar una orden a una sensación agradable para el perro. Cuando se siente al decirle nosotros: «¡Sentado!», lo recompensaremos.

Debemos evitar asociar los hechos agresivos para el cachorro con un aprendizaje. Así, por ejemplo, evitaremos trabajar la conducción con correa yendo por una calle llena de vehículos que tocan el claxon, porque el animal puede llegar a asociar la correa con el miedo al ruido.

Aprendizaje por ensayo y error

El animal detecta rápidamente las situaciones en las que obtiene caricias o que le procuran cierto placer. Por eso, el perro adopta determinado comportamiento con el fin de apiadar a sus dueños: si funciona, lo repite; si no logra nada, lo deja correr. ¡Lo entiende rápidamente!

Utilización por parte del dueño

Si cedemos una sola vez, el perro se dará cuenta. Así pues, debemos mantener siempre la misma actitud ante la misma situación.

Lo que está prohibido lo está siempre y para todos. El perro intentará «camelar» a cada miembro de la familia.

Aprendizaje por habituación

Este modo de aprendizaje se utiliza mucho en terapia conductual. Un perro tiene miedo de algo y se lo acostumbra a la fuente de su miedo para que este desaparezca. Es la forma más sencilla de aprendizaje. El animal aprende de forma pasiva a no responder a un estímulo al que está acostumbrado.

Utilización por parte del dueño

Supongamos que a nuestro perro le da miedo el ruido de la calle. Si lo sacamos a pasear e inmediatamente le damos de comer, se concentrará en la comida y se olvidará del ruido y, por consiguiente, del miedo. Pero cuidado, este aprendizaje no es de un día para otro, por lo que hay que armarse de paciencia.

Aprendizaje por observación e imitación

El cachorro observa mucho a sus congéneres y los imita, especialmente a la madre y a los hermanos. La imitación representa una fuente de aprendizaje muy importante. No es raro ver cómo un perro recién llegado a una casa adopta todos los comportamientos del animal que ya vivía allí. Los cazadores utilizan está técnica para adiestrar a los perros jóvenes.

Para que obedezca

Asociación: acción buena, cuya consecuencia es una recompensa. Ensayo/error:

— no ceder nunca;
— el perro debe tener una respuesta acertada;
— todos los componentes de la familia han de reaccionar de la misma manera;
— al equivocarse, el perro entiende lo que se espera de él.

Habituación: acción errónea, que tiene como consecuencia que dejemos de prestar atención al perro y de interesarnos por él.

Educación, adiestramiento, orden, aprendizaje

Castigo-recompensa

El **castigo** es un refuerzo negativo.

El perro aprende a no actuar de un modo determinado con la finalidad de llegar a evitar el castigo.

Pero, para que resulte realmente eficaz, el castigo tiene que respetar una serie de normas:

— debe ser instantáneo: en el momento de los hechos; si se aplica horas después, o incluso pasados unos minutos, el perro no es capaz de relacionar el castigo con la «mala acción» llevada a cabo;
— debe ser sistemático: siempre para el mismo tipo de falta, sin indulgencia; si unas veces es castigado y otras no por realizar la misma acción, lo único que se consiguirá al final es desconcertar al animal, que no entenderá por qué unas veces es sancionado y otras no;
— debe ser mesurado: no tiene que hacer daño al perro y ha de cesar en el momento en que se someta.

La **recompensa** permite al perro asociar lo que ha hecho bien con un momento de placer.

Dicha recompensa puede ser una golosina —aunque tampoco hay que abusar de ello—, una caricia, una palabra amable, el hecho de jugar con él...

Castigo

- *Sin explicación verbal.*
- *Instantáneo.*
- *Sistemático.*
- *Acaba cuando el perro tiene miedo.*
- *Aplicado por todas las personas de la casa.*

Recompensa

- *Golosina.*
- *Caricia.*
- *Juego.*
- *Palabras de felicitación.*

La reeducación

LA REEDUCACIÓN CONDUCTUAL

Existen dos tipos de métodos según el objetivo que persiguen: eliminar la conducta nociva o generar una conducta agradable.

El principio de desaparición

Hay varios caminos para llegar a este objetivo.

❧ El castigo

Por lo general, suele ser una solución puntual y debe cumplir los siguientes requisitos:

— acabar en el momento en que el perro se somete;
— ser justo;
— ser aplicado inmediatamente después de cometerse el error, y no un tiempo después;
— no ha de lesionar al perro;
— ser sistemático para la misma falta;
— debe instaurarse desde el inicio de la educación.

❧ La extinción

Se suprime una conducta nefasta eliminando su causa. Así pues, podemos reeducar al perro que causa destrozos cuando estamos ausentes omitiendo los rituales de la marcha.

❧ La habituación

Seguiremos generando el estímulo que origina la conducta indeseable, pero de manera muy corta, para que la reacción del animal vuelva a ser normal, incluso en presencia del estímulo.

❧ La desensibilización

Presentaremos el estímulo en una dosis muy leve, y luego la iremos aumentando, pero sin llegar nunca a despertar la reacción del perro. Si esto ocurre, debemos disminuir el nivel de estímulo.

❦ El contracondicionamiento

Se trata de asociar a la situación que desencadena una mala conducta otra que no pueda tener lugar simultáneamente a la no deseada. Por ejemplo, se puede recurrir al juego, a la comida, a todo aquello que desvía al animal de su problema en presencia de la situación que lo desencadena. Si el cachorro tiene miedo cuando pasa un automóvil, jugaremos con él en el momento preciso en que pase uno.

❦ La inmersión

En este caso, se pone al animal en la situación que desencadena su conducta anormal: por ejemplo, el cazador dispara junto al perro que tiene miedo. Este método debe aplicarse siempre con la ayuda de un profesional que siga de cerca y atentamente la evolución del can.

Generar un comportamiento agradable

Otra solución consiste en hacer que aparezca un comportamiento agradable.

❦ La recompensa

Este método también recibe el nombre de *refuerzo positivo* y consiste en ignorar el comportamiento no deseado y acariciar al perro o darle una golosina cuando actúa bien. El animal asociará nuestra alegría con su comportamiento y lo repetirá.

❦ La asociación

Se asocia el perro a un congénere para que calque su comportamiento. Un ejemplo típico es el de los perros jóvenes de caza, que las primeras veces cazan con animales más experimentados.

La reeducación	
Desaparición del comportamiento nefasto	Aparición de un comportamiento correcto
Castigo Extinción Habituación Desensibilización Contracondicionamiento Inmersión	Recompensa Asociación

¿Qué tipo de reeducación es más deseable, en nuestra opinión?

○ Desaparición

○ Aparición

Esto es importante para elegir el tipo de terapia que se adapte a nosotros y que, por tanto, será efectiva.

Dentro del sistema elegido, ¿qué reeducación nos parece más acorde a nuestras preferencias?

La opinión del educador
Antonio Ruiz[1]

Este es un tema de gran interés para un educador, ya que en muchos casos los propietarios que recurren a nuestros servicios justifican la falta de resultados y los castigos que infligen al perro con el pretexto de que el animal es desobediente. Este libro pone las cosas en su sitio y sirve para atacar el problema desde el comienzo. Como dijo alguien bien informado, «si nosotros no formamos parte de la solución, seguramente formamos parte del problema».

En este apartado analizaremos tres aspectos de la desobediencia.

En primer lugar, veremos cuál es la parte que concierne al dueño del perro; a continuación, analizaremos cuál es la responsabilidad del animal, y, finalmente, sabremos cómo remediar los dos primeros.

EL DUEÑO

El ser humano debería tener más capacidad de aprender que el perro, pero, me crea o no, en la mayor parte de los casos el hombre es el verdadero origen de las dificultades constatadas.

A grandes rasgos, el ser humano se caracteriza por su incoherencia, su debilidad, incluso su laxismo, o su autoridad desproporcionada o abusiva. Si mezclamos todo esto, obtenemos como resultado: inconstancia, orgullo (que le impide hacer autocrítica y que justificaría a sus ojos que el perro tuviera que obedecerle de manera natural), falta de claridad a la hora de dar órdenes. ¿Hace falta que continúe? Veamos, pues, estos primeros elementos.

❖ Incoherencia. A mi modo de ver, es el peor de los defectos. ¿Cómo se manifiesta? Damos una orden al perro, este no la ejecuta y... pasamos a otra cosa (otra orden, jugar, hacer crucigramas o mirar la televisión, cualquier cosa). Hay que decirlo de una vez por todas: cuando damos una orden, el perro tiene que obedecer. No importa el tiempo que tarde o el entusiasmo con que lo haga, pero al final tiene que hacer lo que le hemos ordenado.

❖ De la debilidad al laxismo. Hay personas que simplemente no quieren imponer su autoridad ni tan sólo para dar órdenes a su perro. De acuerdo, todo el mundo es libre de hacer lo que le convenga... Respeto esta decisión, pero con dos condiciones: que luego no se quejen de que no controlan al perro y que reconozcan que la falta de educación puede exponer al animal a una serie de peligros (un hecho sobre el que se debería reflexionar).

❖ Autoridad y su abuso. En el otro extremo están los dueños que utilizan y a menudo abusan de su poder. O bien gritan al perro, que, aunque parezca mentira, no está sordo (¡es más, oye mejor que ellos!), o bien no lo dejan tranquilo ni un segundo: «¡Sentado!», «¡Echado!», «¡Quieto!»... y vuelta a empezar, «¡Sentado!», «¡Aquí!»... Todo esto no sirve de nada, cansa incluso al propio dueño, atonta literalmente al perro y, en cualquier caso, no da buenos resultados.

Así pues, un consejo: ¡tranquilicémonos!

---

1. Antonio Ruiz es educador canino en Crucez Villages (Francia) (www.pilepoil.fr).

❧ **Lunáticos.** Algunos van de un extremo al otro y pasan con suma facilidad de una actitud de «paz y amor» a convertirse en auténticos sargentos. Un ejemplo de lo que viven cada día centenares de miles de perros: al animal lo llevan de paseo al parque, le quitan la correa, y este sale a explorar a donde le apetece, oliendo a derecha e izquierda (¿por qué tendría que ser de centro el perro?), hasta que poco a poco se aleja de su dueño sin darse cuenta. Cuando el perro está lejos, muy lejos, demasiado lejos, fuera del alcance de la autoridad de su propietario, este último decide llamarlo. Todo empieza de un modo calmado (incluso diría blando): «Ven aquí, Cuqui, sé bueno, ven con papá», y como el perro parece que responde: «¡Uf, olvídame!», el dueño se pone nervioso. Entonces grita como un poseso: «¡Que vengas inmediatamente, te digo, a la voz de ya!, ¿estás sordo o qué?». A lo que el perro normalmente reacciona como diciendo: «No veas, ¡si voy ahora la que me va a caer!». En definitiva, de demasiado blando a excesivamente duro, sin pasar por la fase de autoridad firme y contundente: todo ello es garantía de malos resultados.

❧ **Orgullo mal gestionado.** No es fácil aceptar que si algo no funciona entre nosotros y el perro, la culpa probablemente sea nuestra. ¿Por qué tiene que ser culpa mía y no del chucho? Pues bien, en la mayor parte de los casos, es ahí donde debe buscarse la solución. El ser humano comete infinidad de errores debido a su pretendida superioridad.

❧ **Falta de claridad.** Ya lo hemos dicho, pero volvemos a insistir: los perros no entienden español, ni francés, ni alemán, ni chino. Para resumir, no entienden ningún idioma, no comprenden el lenguaje humano. Los perros se limitan a asociar un sonido con una acción («¡Sentado!» con «Me apoyo con las nalgas en el suelo»). Por tanto, no sirven de nada las largas peroratas, de las que, a lo sumo, captarán su nombre y algún sonido conocido.

Dado que en una relación normal, la orden va del dueño al perro, es primordial empezar a trabajar por el principio de la secuencia, es decir, por el dueño.

Es evidente que no pensamos lo mismo en lo que a educación respecta. Cuando me entrevisto con un nuevo cliente, le pregunto qué es lo que ya sabe hacer el perro. Casi siempre me responde: «El sentado, bastante bien; el tumbado le cuesta más». Y cuando le pido una demostración, empieza la fiesta. Efectivamente hay muchos perros que se sientan, e incluso que se echan, y quizá consiguen estar quietos bastante rato. Son unas buenas bases, pero la mayor parte de las veces el dueño se ve obligado a repetir la orden cinco o seis veces, y después a apoyar la mano en la grupa apretando hacia el suelo para lograr que el perro se siente medio segundo. Llegados a este punto, lo normal es oír: «Ya lo ve», bastante convencidos, o un más realista: «Sí, la verdad es que no logro que se esté quieto».

Cuando hago trabajar a mis perros, no sólo elijo mi casa como entorno adecuado para ello, sino que también vamos al jardín, al gallinero en medio de las gallinas, los patos, las ocas y los conejos, así como a un camino rural con caballos, en la ciudad y —la guinda del pastel— en las grandes avenidas. En cada situación las órdenes se dan con voz calmada y la ejecución es perfecta, es decir, a la primera, rápidamente, aguantando las posiciones, independientemente de las perturbaciones externas.

Nosotros somos profesionales y, por lo tanto, es normal que obtengamos estos resultados, pero lo que quiero decir es que cualquier dueño que quiera tomarse la molestia puede lograr el mismo resultado con un poco de esfuerzo. ¡No es más que una cuestión de voluntad!

El perro

Un perro no desobedece para hacernos la vida imposible. ¡De esto podemos estar seguros! Casi siempre desobedece porque entre nuestra orden y otra cosa, escoge lo segundo. Porque le parece más divertido, más interesante, más «rentable» para él, pero, en ningún caso, para hacer que nos volvamos locos, aunque lo parezca.

Tres cosas antes de hablar de desobediencia:

1. El perro quizá no ha oído nuestra orden (a veces hay que comprobar que el animal no sufre problemas de sordera).

2. Quizá no la ha entendido.

3. ¿Tiene algún motivo para no obedecernos? Fijémonos que digo «para no obedecernos» y no «para no obedecer».

La doctora Desachy nos ha explicado cuáles son las fases de desarrollo del cachorro, y hemos visto que un animal que haya tenido carencias durante este periodo tendrá más dificultades para obedecernos cuando sea adulto. Luego ha desarrollado las peculiaridades de cada raza, y las individualidades dentro de cada una. Hay que tener en cuenta todos estos elementos cuando se trata el caso de un perro desobediente.

Muchos perros no obedecen porque no están en condiciones de hacerlo. ¿Por qué? Porque tienen miedo, y cuando se tiene este sentimiento, es muy difícil concentrarse. Si se vuelve a dar confianza al perro y no se lo deja en situación de tener miedo, veremos cómo progresará rápidamente.

Sin duda, algunas razas obedecen más fácilmente que otras, pero con un poco de esfuerzo no es imposible lograr que un terrier, un perro nórdico o un lebrel atiendan.

En nuestro programa debemos tener en cuenta el nivel de partida del equipo (el perro y también los conocimientos y la experiencia del dueño), el objetivo final (compañía, perro deportivo o de trabajo...) y los medios de los que disponemos para conseguirlo.

Cómo mejorar la obediencia del perro

Métodos de aprendizaje y educación

No hay cincuenta maneras de enseñar algo a un perro. Digamos que se lo puede premiar por haber hecho algo bien, castigarlo por haber hecho algo mal o, en el segundo caso, ignorarlo. Hoy en día cada vez más adiestradores utilizan métodos positivos, que apuestan casi totalmente por las recompensas, la motivación del perro y las técnicas «dulces» (señuelo, juego, *clicker*...). Otros todavía son de la antigua escuela y castigan incluso más de lo necesario. En la actualidad se sabe que no es la manera más agradable de proceder (y si no, preguntemos a los perros qué opinan), ni tampoco la más eficaz. Rechazar el castigo al cien por cien me parece un error permisivo que puede acarrear graves consecuencias, pero una proporción de 90/10 a favor de las recompensas y otros tipos de premio en detrimento de las sanciones me parece buena. Muchas personas son partidarias de una base de 5 % de recompensas, 10 % de castigos y 85 % de no reacción. De este último manera no se llegará muy lejos, ya que si para hacer que desaparezca un mal comportamiento (saltos, ladridos, hurtos de comida...), se puede recurrir a la extinción (que consiste en no reaccionar), la ausencia de reacción cuando el perro ha trabajado bien es contraproducente. Pero esto no debe extrañarnos, porque es típicamente humano. ¿Cuántas veces nuestro jefe nos ha puesto de vuelta y media por algo que hemos hecho mal? Quizá nos lo merecíamos, pero... ¿Cuántas veces nos ha felicitado por una tarea bien hecha? Nunca, ¡qué lástima!...; naturalmente, nos pagan por hacer nuestro trabajo, pero una felicitación nunca está de más, ¿verdad? Pues a los perros también les gusta.

Ejemplos concretos

La idea general es que debemos asociar un buen comportamiento con una recompensa; así de fácil.

El perro viene cuando lo llamamos: lo recompensamos. No viene: preguntémonos por qué e intentemos no ponerlo en situación de fracaso. Un buen colega dice que no se debe escribir un mal guión, y creo que tiene razón. Reduzcamos la distancia que nos separa del perro, utilicemos una correa larga de adiestramiento, trabajemos en un lugar con menos distracciones (tentaciones) para el perro. Aumentemos gradualmente las dificultades y veremos cómo el camino se va aplanando.

Supongamos que nuestro perro se abalanza sobre las visitas: le ponemos la correa para controlarlo y luego trabajamos el «sentado», para que se calme, y no olvidemos hacer que nuestros amigos lo recompensen cuando se porte bien para que se dé cuenta de qué es lo que le interesa.

Si el perro ladra, propongámosle un trueque: «¿Quieres una golosina?». Si acepta, no podrá comer la golosina y ladrar a la vez (es una cuestión física). Por tanto, si acepta la golosina, se calla. Una vez que se ha obtenido el silencio, deberemos ocuparlo con otra orden, «¡Al suelo!», por ejemplo. Y veremos que muy pocos perros consiguen ladrar cuando están echados...

Si el perro hurta comida o tiene complejo de aspirador, deberemos trabajar el rechazo del cebo, el «¡Escupe!», y más que castigarlo porque se ha llevado a la boca algo que no debía, lo recompensaremos por haber obedecido nuestras órdenes: «¡No toques!» o «¡Suelta!».

¿El perro causa destrozos cuando no estamos? Empecemos por preguntarnos por qué lo hace: ¿por aburrimiento, por estrés o por otro motivo? Centrémonos en las causas más que en las consecuencias.

Que el perro se suba a los sillones y a los sofás, entre en el dormitorio o incluso se suba encima de la cama no me parece excesivamente grave, aunque es cierto que no todos los profesionales opinan lo mismo. Ahora bien, no me parece grave siempre que se cumplan tres condiciones:

— el perro no se comporta con agresividad;
— se le permite el acceso porque así lo hemos decidido nosotros;
— se lo podemos prohibir, podemos hacerle salir o bajarse de donde esté con una simple orden verbal.

Si se dan estas tres condiciones, adelante. Pero, cuidado, sólo con que falte una, debemos pedir ayuda a un profesional. Una de las bases para una buena relación con el perro es ser capaz de controlar el espacio y los desplazamientos del animal.

Y ya que hablamos de dominio, me gustaría recordar a quien cree ser el líder de la manada esta máxima: «Para ser un buen dominante, hay que saber dominar». ¿El perro hace lo que quiere (se comporta agresivamente) cuando está con sus congéneres? Repasemos el capítulo que la doctora Desachy dedica a la socialización. Es una de las claves de la obediencia. La correa en situación de trabajo y los contactos autorizados para ponerse al día son los dos aspectos que deberemos asociar para conseguir mantener el control en presencia de congéneres.

CONCLUSIÓN

Los perros no nacen obedientes (ni siquiera los perros lazarillo o los de asistencia para minusválidos), sino que se les enseña. Los seres humanos —criadores, propietarios, educadores, veterinarios y educadores conductuales— somos quienes debemos enseñarles a obedecer.

La buena obediencia está basada en los conceptos de comprensión y respeto.

El dueño tiene que ser firme, justo, coherente y sobre todo no debe escatimar las recompensas. El perro se limitará a ser alegre, fiel, y siempre estará dispuesto a satisfacer a su dueño para encontrar su propia satisfacción.

Al igual que ocurre con los niños, siempre hay unos bien educados que viven en sociedad sin problemas y otros que tienen que espabilarse solos y para quienes será más difícil. Debemos ser realmente los dueños de los perros por su bien, por el bien del entorno, y podremos sentirnos legítimamente orgullosos de ellos y de nosotros mismos.

Antonio Ruiz
Educador canino
Domaine de la Poiluchette
28270 Crucez Village
www.pilepoil.fr

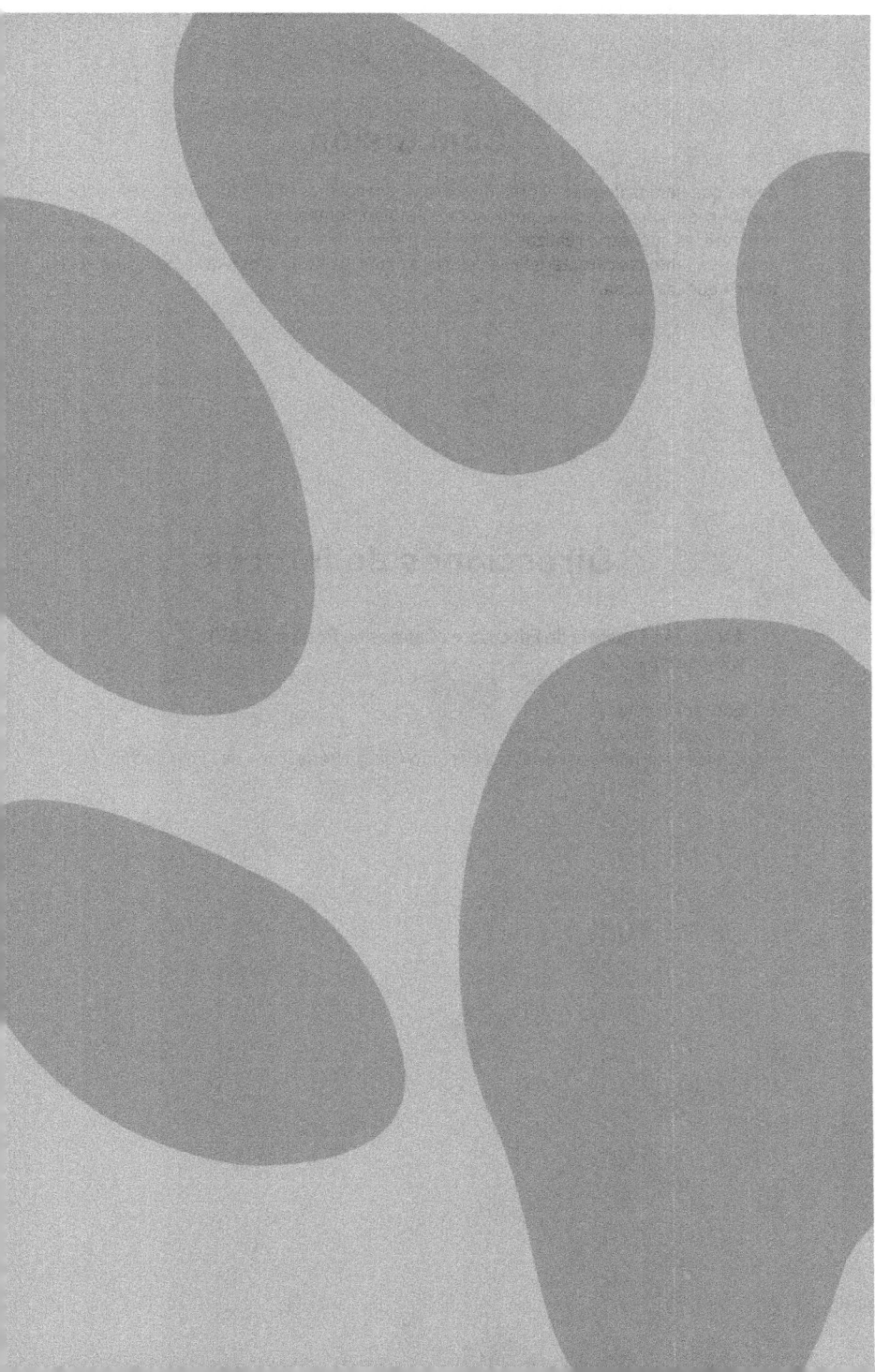

Conclusión

Ahora que hemos llegado al final del libro ya conocemos prácticamente todas las técnicas de reeducación canina, pero, como también hemos visto, antes de aplicar una en concreto, es necesario realizar un análisis previo y detallado de cada situación, teniendo en cuenta tanto las características del perro como las de su propietario, así como el «entorno» que les rodea.

Direcciones de interés

Asociación Española de Educadores Caninos en Positivo (AEEC)
www.aeecp.es/

Educación canina
www.educacioncanina.com/
Clínica veterinaria especializada en etiología y alteraciones de la conducta.

Índice

www.ingramcontent.com/pod-product-compliance
Lightning Source LLC
Chambersburg PA
CBHW060040050426
42448CB00012B/3088